_____ 님에게

십자가의 사랑을 전합니다

》 일러두기

* 본서에 인용한 성경은 '개정개역판'이며, '공동번역개정판'을 인용할 경우에는 별도로 표기했습니다.
* 본서의 인명과 지명은 외국어표기법을 기준으로 하였으나, 성경의 인명과 지명이 보편화되어 있는 경우에는 성경의 표기를 우선하였습니다.
* 성경인용문의 경우 표준맞춤법과 차이가 있더라도 본문 그대로 실었습니다.

십자가 사랑

2010년 12월 25일 1쇄 인쇄
2011년 4월 7일 2쇄 발행

지은이 | 송병구
펴낸이 | 이종춘
펴낸곳 | BM 성안당
주   소 | 경기도 파주시 교하읍 문발리 출판문화정보산업단지 536-3
전   화 | 031-955-0511
팩   스 | 031-955-0510
등   록 | 1973. 2. 1. 제13-12호
홈페이지 | www.cyber.co.kr

ISBN 978-89-315-7496-8   03230
값은 뒤표지에 있습니다.

이 책을 만든 사람들
기획 · 편집 | 이정아
구성 | 이정아
디자인 | 박선향
사진 | 심자득
제작 | 구본철

본서에 사용한 『성경전서 개역개정판』과 『공동번역성서 개정판』의 저작권은 재단법인 대한성서공회 소유이며 재단법인 대한성서공회의 허가를 받고 사용하였음.

Copyright ⓒ 2011 by Sungandang Company All rights reserved.
First edition Printed 2011. Printed in Korea.

이 책의 어느 부분도 저작권자나   발행인의 승인 문서 없이 일부 또는 전부를
사진 복사나 디스크 복사 및 기타 정보 재생 시스템을 비롯하여 현재 알려지거나 향후 발명될
어떤 전기적, 기계적 또는 다른 수단을 통해 복사, 재생하거나 이용할 수 없음.

십자가 사랑

송병구 지음

한알의밀알

프롤로그

/

처음 십자가를 구했을 때, 그 뜨거움이 생생합니다.
십자가를 수집하려는 마음을 품고 눈을 씻고 찾아다니다가 여섯 달 만에 겨우 발견했습니다. 1994년 겨울, 제가 살던 독일 복훔(Bochum)시 성탄 장터였습니다.
내가 가진 동전 몇 푼으로도 살 수 있을 만큼 값이 쌌습니다. 손에 쥘만한 크기의 주석(Zin) 십자가에는 예수님과 두 제자가 앉아 있는데 이런 말씀이 씌어 있었습니다.

"내가 너와 함께 하겠다 (Ich bin bei euch)".

얼마나 흐뭇했는지 모릅니다. 늘 손에 쥐고 그 질감을 느꼈습니다. 만나는 사람한테마다 자랑했습니다. 엠마오로 걸어가던 두 제자와 함께 하신 예수님의 밥상에 나도 동참하고 싶었습니다.

그 후 눈에 불을 켜고 십자가를 찾았습니다. 실물 십자가는 흔하면서도 참 귀했습니다. 사람들은 '하나밖에 없고(Original)', '수제품(Hand Made)'이며, '오래된 것(Antique)'이라며 십자가의 값을 불렀습니다. 물론 내 관심사는 잘 치장된 '거룩한 성물'이 아니라 삶 속에 뿌리내린 '생활 문화'였습니다.

그렇게 십자가를 마음에 두고 십 수년 궁리하다 보니, 십자가에도 뿌리와 역사가 있고 민족과 지역마다 고유한 얼굴이 담겨 있으며 깊은 신심과 영성을 상징화하고 있음을 알게 되었습니다. 세계교회가 얼마나 다양하고, 또 하나로 일치를 이루고 있는지도 배웠습니다.

모든 길은 십자가로 통했습니다. 게다가 십자가는 얼마나 아름다운지,
기상천외의 상상력을 담아냈고, 지극한 정성으로 눈부십니다.
또 고전적인 기품과 현대적인 디자인이 조화를 이루고 있습니다.
사람들은 저마다 자기가 지닌 최고의 재료로, 최상의 사랑을 고백하고
있었습니다.
이런 십자가를 접하고, 널리 나눌 수 있는 것은 은혜입니다. 5년 전, 세
계의 십자가 로고 168가지를 소개했는데, 5년 후, 세계의 실물 십자가
56점에 의미를 붙여 보았습니다.
십자가는 골고다 사건만이 아닙니다.
'수태고지'(누가복음 1:26-31)부터 '골고다'(마태복음 27:27-50) 그리
고 '빈 무덤'(요한복음 20:1-8)에 이르기까지,

예수님의 생애, 탄생과 죽음 그리고 부활하심은 십자가 그 자체입니다.
〈십자가 사랑〉은 복음서의 순서대로 일곱 장으로 나누고, 예수님의 말씀과 십자가들을 퍼즐처럼 맞추어 보았습니다.
그 십자가가 지닌 낱낱의 말씀의 무게와 그 십자가로 품은 절절한 사랑의 온기와 그 십자가에 담긴 은은한 신앙의 향기를… 같이 느껴 보십시오. 같이 만져 주십시오. 같이 걸어가십시오.
십자가를 자랑하게 될 것입니다.
십자가를 사랑하게 될 것입니다.

2010년 대림절에, 기다림초를 밝히며
색동교회 송병구 목사

contents

프롤로그 • 6

임마누엘,
하나님이 우리와 함께 계신다

- 성모자 십자가 • 16
- 구유 십자가 • 18
- 빛 십자가 • 20
- 콥트 십자가 • 22
- 세례 십자가 • 24
- 비잔틴 십자가 • 26
- 일치 십자가 • 28
- ◆ 오늘의 베들레헴 • 30

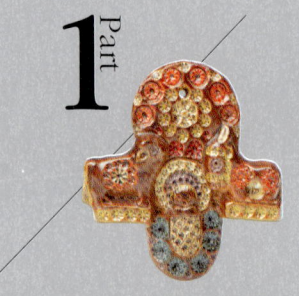

Part 1

누가 나의
제자냐

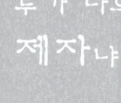

Part 2

- 팔 없는 십자가 • 42
- 소금 십자가 • 44
- 화해 십자가 • 46
- 환대 십자가 • 48
- 검은 예수 십자가 • 50
- 이삭 십자가 • 52
- 등불 십자가 • 54
- ◆ 나를 제자 삼으소서 • 56

하나님의 나라는 너희 가운데 있다

Part 3

- 에티오피아 십자가 • 66
- 물고기 십자가 • 68
- 안달루시아 십자가 • 70
- 인디오 십자가 • 72
- 보석 십자가 • 74
- 씨앗 십자가 • 76
- 방주 십자가 • 78
- ◆ 일용할 양식을 주시옵고 • 80

너희의 근심은 기쁨으로 바뀔 것이다

Part 4

- 푸른 십자가 • 90
- 무릎 십자가 • 92
- 위로 십자가 • 94
- 햇빛 십자가 • 96
- 목마름 십자가 • 98
- 치로 십자가 • 100
- 나사로 십자가 • 102
- ◆ 인생의 밤을 살아가는 이들에게 • 104

Part 5 너희는 나를 누구라 하느냐

- 어린 양 십자가 • 112
- 타우 십자가 • 114
- 빵 십자가 • 116
- 선한 목자 십자가 • 118
- 생명나무 십자가 • 120
- 고백 십자가 • 122
- 이콘 십자가 • 124
- ◆ 예수 사랑 • 126

Part 6 십자가의 길

- 나눔 십자가 • 136
- 섬김 십자가 • 138
- 회개 십자가 • 140
- 평화 십자가 • 142
- 아픔 십자가 • 144
- 웃음 십자가 • 146
- 환희 십자가 • 148
- ◆ 십자가를 자랑하라 • 150

나는 **부활**이요 생명이다

- 심장 십자가 • 160
- 상처 십자가 • 162
- 순례 십자가 • 164
- 위그노 십자가 • 166
- 호주 원주민 십자가 • 168
- 황금돌 십자가 • 170
- 승천 십자가 • 172
- ◆ 다시 예루살렘으로 • 174

7 Part

에필로그 • 182
십자가 갤러리 • 183

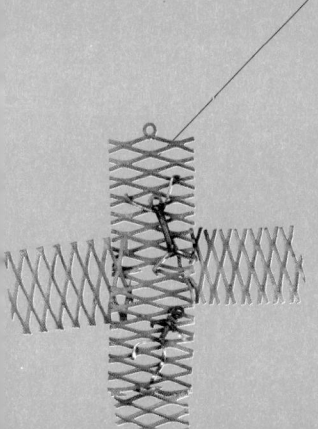

성탄 십자가

러시아의 이콘(Icon) 전문제작사인 '센트로 러시아 에큐메니카'의 작품이다. 동방정교회 전통에 따른 성상화(이콘)의 현대적 적용이라고 할 수 있다. 천사의 수태고지, 마리아의 엘리사벳 방문, 구유 탄생, 동방박사 방문, 이집트 피난, 성전 방문, 세례 등 예수님의 성탄과 성장 등 7장면을 담고 있다.

임마누엘
하나님이 우리와 함께 계신다

Part 1

성모자 십자가

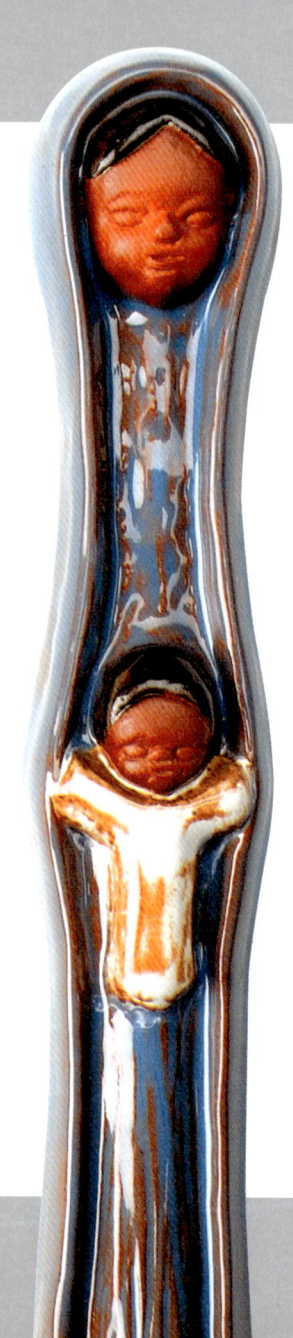

네가 아들을 낳을 것이다

**보라 네가 잉태하여 아들을 낳으리니 그 이름을 예수라 하라······
마리아가 이르되 주의 여종이오니 말씀대로 내게 이루어지이다**
(누가복음 1:31,38상)

프랑스 알자스 지방의 십자가이다. 전통적인 일자형 십자가로 가운데 중심에 아기 예수가 자리 잡고 있다. 어머니와 아기의 얼굴색이 어두운 흙빛인 것이 독특하다. 많은 사람들이 아기 예수를 가슴에 품은 어머니 마리아의 모습을 십자가로 이해하였다. 아들의 고통은 어머니에게 너 커다란 슬픔이고, 아들의 십자가는 어머니에게 더 무거운 십자가였던 것이다. 십자가가 되어 온몸이 여위도록 아들을 안고 있는 어머니 마리아의 모습에서 하나님의 사랑을 본다.

구유 십자가

하늘에는 영광, 땅에는 평화

**오늘 다윗의 동네에 너희를 위하여 구주가 나셨으니
곧 그리스도 주시니라
너희가 가서 강보에 싸여 구유에 뉘어 있는 아기를 보리니
이것이 너희에게 표적이니라 하더니**
(누가복음 2:11-14)

프랑스의 도자기 십자가이다. 아기의 맑은 꿈처럼 아름답다. 구유 십자가의 갓난아기는 양과 나귀, 그리고 꽃으로 둘러싸여 있다. 가장 가난한 모습으로 오신 아기 예수님의 탄생은 그 자체로 십자가였다. 예수 그리스도의 삶은 베들레헴에서 갈보리까지, 구유에서 십자가까지 선 생애기 십자가의 길이었다. 하지만, 구유에 누워 열린 천정을 바라보며 맑게 웃는 아기의 모습은 평화 그 자체이다. 구유 십자가 안에서 우리는 성탄의 기쁨을 맘껏 누린다.

빛 십자가

그 생명은 사람들의 빛이었다

**주재여 이제는 말씀하신 대로 종을 평안히 놓아 주시는도다
내 눈이 주의 구원을 보았사오니 이는 만민 앞에 예비하신 것이요
이방을 비추는 빛이요 주의 백성 이스라엘의 영광이니이다**
(누가복음 2:29-32)

중심에서 사방으로 색실을 작은 못에 연결하여 십자가 안에 담긴 구원의 빛을 표현하였다. 실로 엮은 빛의 스펙트럼은 십자가를 넘어 시공을 채우며 우리들의 삶을 감싼다. 본문은 시므온 찬가이다. 시므온은 경건한 자로서 그리스도를 보기 전에는 죽지 않으리라는 예언을 받았다. 그는 매일 누구인지도 모르는 그리스도를 기다리며 성전을 지켰다. 기다림으로 채워진 그의 목숨은 아기 예수를 보는 순간 환하게 빛을 발했다. 성탄은 뜻밖의 선물이기도 하지만, 간절한 기다림 끝에 얻는 기쁨이기도 하다.

콥트 십자가

너희는 주의 길을 예비하라

그는 선지자 이사야를 통하여 말씀하신 자라 일렀으되
광야에 외치는 자의 소리가 있어 이르되
너희는 주의 길을 준비하라
그가 오실 길을 곧게 하라 하였느니라
(마태복음 3:3)

콥트 교회 사제들이 쓰는 가죽매듭 십자가이다. 십자가 끝의 세 개의 동심원 장식은 콥트 정통양식으로 삼위일체를 뜻한다. 콥트 교회는 초대교회 시절 북아프리카 이집트에 뿌리내린 그리스도교의 일파다. 이후 북아프리카 일대가 회교권이 되면서, 많은 어려움을 겪었지만 그들은 꿋꿋이 자신들의 신앙을 지켜냈다. 사막에서 기도하던 콥트 교회 그리스도인들의 숨결이 스며 있는 이 십자가를 보면 세례 요한, 광야에서 가죽옷을 입고 거친 음식으로 연명하며 주님의 길을 예비했던 그가 떠오른다.

세례 십자가

이는 내가 사랑하는 아들이다

하늘로부터 소리가 나기를
너는 내 사랑하는 아들이라
내가 너를 기뻐하노라 하시니라
(마가복음 1:11)

독일에서 만들어진 십자가로 주석 특유의 묵직한 질감이 느껴진다. 이 십자가는 세례를 받으시는 예수님의 모습에 십자가의 고통을 겹쳐 놓았다. 예수님의 머리 위로 성령이 임하고 있고, 그의 두 손과 발에는 못 자국이 선명하다. 이는 주님의 십자가가 우리의 죄를 씻어 주는 참된 세례임을 의미한다. 때가 되자, 주님은 요한에게 나아가 회개의 세례를 받으셨다. 예수님이 세례를 받고 물 밖으로 나오자 하늘이 갈라지고 성령이 비둘기 같이 임하였다. 하나님의 사랑하는 아들은 이처럼 지극히 겸손한 모습으로 그리스도의 길을 준비하셨다.

비잔틴 십자가

하나님을 시험하지 말라

**예수께서 대답하여 이르시되 기록되었으되
사람이 떡으로만 살 것이 아니요
하나님의 입으로부터 나오는 모든 말씀으로
살 것이라 하였느니라 하시니**
(마태복음 4:4)

비잔틴 십자가는 동방정교회의 유산이다. 정방형의 그리스 십자가에 8개의 원 모양을 투박하게 오려내고, 내부에는 동그라미를 새겼다. 원형 조각과 작은 동그라미 무늬 그리고 동심원들은 구원의 영원성, 완전함, 일치를 뜻한다. 온몸을 푸르스름하게 물들인 천년의 묵은 이끼는 비잔틴 십자가가 얼마나 오랜 세월을 견뎌왔는지를 짐작케 한다. 주님은 세례를 받자마자 광야로 나아가 40일 동안 주리시며 시험을 받으셨고, 오직 하나님의 말씀으로 이겨내셨다. 시험은 우리의 믿음을 진실하게 한다.

일치 십자가

주의 은혜의 해를 선포하다

곧 주의 성령이 내게 임하셨으니
이는 가난한 자에게 복음을 전하게 하시려고 내게 기름을 부으시고
나를 보내사 포로 된 자에게 자유를,
눈 먼 자에게 다시 보게 함을 전파하며
눌린 자를 자유롭게 하고 주의 은혜의 해를
전파하게 하려 하심이라 하였더라
(누가복음 4:18-19)

손수 빚어 만든 에큐메네(Ecumene) 십자가이다. 본래 에큐메네는 헬라어 '오이쿠메네(οικουμενη)'에서 유래한 말로 '사람 사는 온 땅'이라는 뜻인데, 지금은 교회간 '화해와 일치'의 의미로 사용하고 있다. 에큐메네의 상징인 '배 위에 선 십자가'와 두 사람이 손을 맞잡은 모양이 물결처럼 형상화되어 있다. 이는 갈라진 세계가 십자가 안에서 비로소 화해와 일치를 이룰 수 있음을 보여준다. 예수님은 나사렛에서 희년의 말씀을 선포하셨다. 모든 것이 자유를 회복하는 희년이야말로 '에큐메네'의 진정한 모습일 것이다.

Essay

오늘의 베들레헴

성탄은 '베들레헴의 그때와 오늘'을 생각하게 한다. 베들레헴은 아기 예수가 탄생한 가장 극적인 현장이기 때문이다. 일찍이 예언자 미가는 예언하였다.

> "베들레헴 에브라다야 너는 유다 족속 중에 작을지라도 이스라엘을 다스릴 자가 네게서 내게로 나올 것이라 그의 근본은 상고에, 영원에 있느니라"(미가 5:2).

마태는 이 예언을 인용하면서, 그 다스릴 자는 "내 백성 이스라엘의 목자"(마태복음 2:6)라고 하였다. 이 예언은 마침내 현실이 되었고, 베들레헴은 희망의 땅이 되었다.

아기 예수의 탄생은 우리에게 진정한 평화가 무엇인지 들려준다. 그 소식은 제국의 지배로 이루어진 거짓 평화, 즉 '로마의 평화'를 주장하는 이들에게는 유언비어처럼 들렸을 것이다. 그러나 '사랑에 의한 평화'를 꿈꾸던 이들에게는 구원의 복음임에 틀림없었다.

당시 유대의 지배자였던 헤롯은 일명 헤롯 대왕으로 불렸다. 동시대의 역사가들은 헤롯에 대해 팔레스타인에 평화를 가져오고, 질서를 세우는데 성공한 유일한 통치자라고 평가하였다. 그는 성전을 재건할 만큼 훌륭한 건축가이기도 했다. 그러나 그것은 힘과 폭력에 의한 평화에 불과했다.

그 때문이었을까. 권력의 절정에 있었던 헤롯은 아무도 믿지 못했다. 헤롯은 일단 의심이 들면 즉각 상대방을 제거했다. 결국 그는 사랑하는 아내와 처가, 그리고 마침내 아들들까지 자신의 손으로 죽이는 끔찍한 짓을 저질렀다. 이를 두고 당시 로마 황제였던 아우구스투스는 '헤롯의 아들(huios)이 되기보다는 헤롯의 돼지(hus)가 되는 것이 더 안전하다'고 비꼬았을 정도였다.

별을 길잡이 삼아 찾아온 동방박사들이 방문한 곳은 바로 그 잔인하고 뒤틀린 헤롯의 왕궁이었다. 헤롯은 유대인의 왕이 탄생했다는 소식에 어떤 반응을 보였을까?

유대 땅의 유일무이한 왕인 그에게 또 다른 왕의 탄생 소식은 반역과 다름없었다. 예루살렘은 온통 술렁거렸다.

> "헤롯 왕과 온 예루살렘이 듣고 소동한지라"(마태복음 2:3).

성경은 당시 헤롯과 예루살렘 성내의 극심한 불안과 공포를 생생하게 표현하고 있다.
음모와 흉계에 능한 헤롯은 박사들에게 이렇게 말한다.

> "가서 아기에 대하여 자세히 알아보고 찾거든 내게 고하여 나도 가서 그에게 경배하게 하라"(마태복음 2:8).

하지만 박사들이 자기에게 아무 말 없이 돌아가자 헤롯은 돌변했다. 그는 군대를 보내 베들레헴과 인근에 사는 두 살 이하의 사내아이들을 모두 죽였다. 새 왕이 태어났다는 이유로 베들레헴은 피로 물들었고, 곳곳에서 통곡소리가 터져 나왔다.

베들레헴 예수탄생 교회에 가본 일이 있다. 그런데 교회 입구가 너무 작고 낮아서 깜짝 놀랐다. 그 교회는 주후 324년, 로마 황제 콘스탄티누스의 어머니인 헬레나 황후가 성지순례 후, 예수탄생 동굴 위에 건축하였다. 처음에는 출입문이 아주 컸다고 한다. 그랬더니 상인들이 낙타를 끌고 들어오고, 군인들이 말을 탄 채 교회를 드나들었다. 결국 이를 막기 위해 십자군이 보수공사를 하면서 높이 120cm, 폭 80cm로 문의 규모를 축소하였다.

베들레헴 예수탄생 교회 입구

이제 예수탄생 교회를 드나들 때는 누구든지 몸을 굽히고 고개를 숙이지 않으면 안 된다. 그래서 이 문은 겸손의 문이라 불린다. 만약 우리가 지금 모습 이대로 아기 예수를 맞이하고자 한다면 실패할지도 모른다. 우리의 자아는 얼마나 크고 대단한가! 주님을 맞이하려면 먼저 내 마음의 문을 겸손하게 리모델링해야 할 것이다.

어머니 마리아는 자신이 하나님의 아들을 잉태했다는 놀라운 일에 대한 감동으로 '마그니피카트(Magnificat)', 즉 '마리아의 찬가'를 노래하였다.

> "마음의 생각이 교만한 자들을 흩으셨고, 권세 있는 자를 그 위에서 내리치셨으며 비천한 자를 높이셨고, 주리는 자를 좋은 것으로 배불리셨으며 부자는 빈손으로 보내셨도다"(누가복음 1:51하–53).

또한 초대교회 그리스도인들은 예수를 찬미하며 이렇게 고백하였다.

> "오히려 자기를 비워 종의 형체를 가지사 사람들과 같이 되

섰고, 사람의 모양으로 나타나사 자기를 낮추시고 죽기까지 복종하셨으니 곧 십자가에 죽으심이라"(빌립보서 2:7-8).

세상의 왕과 영웅의 탄생설화들이 허황된 과장과 신비로 포장된 반면, 아기 예수는 위선의 실오라기 하나 걸치지 않고 있다. 그분은 가장 연약한 아기의 모습으로, 가장 가난한 구유에서, 또 어머니로서 자격조차 갖추지 못한 처녀의 몸에서 태어나셨다.

이 사실은 사람들에게 큰 놀라움이다. 하나님의 구원하심은 누구도 예상하지 못한 뜻밖의 방법으로 이루어질 것이다. 아기로 오신 예수를 바라보면서, 우리는 하나님의 심판과 구원이 믿을 수 없는 드라마처럼 전개된다는 것을 기억해야 한다.

또한 아기 예수의 탄생은 우리에게 진정한 평화가 무엇인지 들려준다. 성경을 처음 읽는 사람의 반응을 들어보면 구약을 먼저 읽든, 신약을 먼저 읽든, 창세기와 마태복음에 등장하는 족보에 대해 말한다. 그들은 '낳고, 낳고'가 계속 반복되고 있음을 인상 깊게 느낀다. 이러한 아기의 출생은 무엇을 의미하는가? 아기가 이 땅에 태어난다는 것은, 생명이 지속된다는 것은 바로 이 땅에 희망이 계속된다는 것을 의미한다.

그렇기에 예수 탄생은 참으로 기적 같은 이야기이다. 가톨릭 신학자인 칼 라너의 말이 실감난다. "나는 기적을 믿지 않는다. 다만 매순간 기적에 의지하여 살아갈 뿐이다."

어른은 더 이상 동화 같은 드라마를 신뢰하지 않는다. 기적을 믿으려고 하지 않는다. 다만 매순간 기적에 의지하여 살아갈 수밖에 없는 현실을 긍정할 뿐이다. 사실 우리는 매순간 기적 같은 생명력으로 살아가고 있지 않는가?

초대교회 그리스도인부터 오늘의 우리들에 이르기까지 모든 그리스도인들은 예수께서 다시 오실 것이라는 믿음을 갖고 있다. 처음 아기 예수의 탄생처럼 그리스도의 오심이 현실이 될 것을 믿음으로 고백한다. 성경의 가장 마지막 구절은 바로 그런 종말론적인 희망을 담고 있다.

> "아멘 주 예수여 오시옵소서 주 예수의 은혜가 모든 자들에게 있을지어다 아멘"(요한계시록 22:20하-21).

지금 희망을 잃은 사람, 위로가 필요한 사람, 좌절하고 실패한 사람, 대안을 찾지 못하는 사람, 더 큰 도움이 필요한 사람, 자신의 인생이 끝장

낳다고 절망하는 사람까지, 우리는 모두 '마라나타(Maranata)!', 곧 '주 예수여, 내 마음에 오시옵소서!' 라고 부르짖고, 그 은총을 소망하며 살아가야 한다.

신앙의 과정에는 베들레헴의 단계, 나사렛의 단계 그리고 예루살렘의 단계가 있다. 언제나 베들레헴의 성탄에만 머물러 있을 수는 없다. 하지만 어른이 된 지금, 냉정한 현실에 닳고 닳은 우리는 성탄의 신비에 감춰진 아기 예수를 잃어버리곤 한다. 베들레헴 없이 나사렛의 성장은 불가능하다. 베들레헴 없이 예루살렘의 고난은 불가능하다. 베들레헴은 그때나 오늘이나 우리 신앙의 출발점이다.

신학생 때, 고등부 학생들과 함께 성탄절 연극을 연출한 일이 있다. 그때 참여한 고등학생 중 한 명은 손현주라는 유명한 배우가 되었다. 제목은 〈베들레헴-그때와 오늘〉이었고, 부제는 '젊은이를 위한 낭독극' 이었다. 연극에서 담화자들은 이렇게 말한다.

"그분이 자기 고향에 오셨지만, 고향 사람들은 그분을 맞아 주지 않았습니다. 그분은 인정이 메마른 이 세상에 도움과 병의 치유, 위로와 사랑, 그리고 자비를 가져 오셨습니다. 그러

> 나 사람들은 그분을 배척하고, 미워하고, 박해하여 끝내는 십
> 자가에 못 박았습니다."

희곡은 그때나 지금이나 사람들은 아기 예수를 그리스도로 받아들이지 않는다고 고백한다. 동시에 그런 현실 속에서도 생명의 위협을 무릅쓰고 신앙을 고백하는 사람들이 있어서 복음이 전파되어 왔다고 증거한다. 〈베들레헴-그때와 오늘〉은 이렇게 결론을 맺는다.

> "성탄은 단순히 그 옛날 베들레헴에서 있었던 과거의 사건이
> 아닙니다. 성탄은 바로 오늘 우리 주변에서 일어나는 사건이
> 기도 합니다."

여전히 우리가 사는 세상은 분쟁으로 가득하다. 평화로운 삶이 위협받고, 미움과 증오와 가난이 존재한다. 그때나 지금이나, 여전히 권력자의 폭력과 음모가 있고, 진리를 찾는 사람들의 모색이 있으며, 여전히 평화를 잉태하지 못한 불모의 땅이지만 희망을 꿈꾸는 베들레헴이 있다. 이런 곳에는, 이런 때에는, 이런 사람들에게는 메시아에 대한 목마

름이 있기 마련이다.

하나님께서 위로가 필요한 나를 베들레헴으로 삼으신다. 마리아와 요셉은 죄에 매여 있는 나를 향해 머물 곳이 있냐고 묻는다. 그리고 아기 예수는 하나님의 평화를 위해 일하는 나를 구유로 삼아 태어나신다.

> "내 맘의 주여 소망이 되소서…… 만유의 주여 소망이 되소서!" (8세기 아일랜드 찬송, 새찬송가 484장)

겸비 십자가
주님은 무력하게 나무에 달리셨다. 십자가에 못 박힌 두 팔은 하늘을 향해 치켜올려져 마치 "손 드는 것"(시 141:2)처럼 보인다. 그는 무력한 모습으로 자신의 모든 것을 하나님 앞에 내려놓고 눈을 감고 있다. 말없이 고난을 받아들이며, 희생을 감수하는 겸손함. 그것이 바로 그리스도 예수이다.

누가 나의 제자냐

Part 2

팔 없는 십자가

자기 십자가를 지고 나를 따르라

**누구든지 나를 따라오려거든 자기를 부인하고
자기 십자가를 지고 나를 따를 것이니라**
(마가복음 8:34하)

독일 슈바르츠발트(Schwartzwald) 지역의 고유한 십자가이다. 십자가에 달리신 예수님의 빈 어깨는 거룩한 흔적으로만 존재한다. 보이지 않는 두 팔은 시공을 넘어서 온 세상을 짊어지고 있는 듯 느껴진다. 기둥에 매달려 있는 주님의 몸은 앙상하고 고통으로 비틀려 있지만 표정은 말할 수 없이 온유하다. 팔 없는 예수님의 우는 듯, 웃는 듯한 미소를 보고 있노라면, 나의 불평과 빈손이 부끄러워진다. 그 앞에서 우리는 내려놓았던 자기 십자가를 지고 주님의 길을 따르게 된다.

소금 십자가

너희는 세상의 소금이다

너희는 세상의 소금이니
소금이 만일 그 맛을 잃으면 무엇으로 짜게 하리요
후에는 아무 쓸 데 없어 다만 밖에 버려져 사람에게 밟힐 뿐이니라
(마태복음 5:13)

폴란드 버엘리츠카 암염광산에서 생산된 소금으로 만든 것이다. 광부들은 자신들이 캔 암염으로 십자가를 새겨 지하 갱도에 세워놓고 기도를 바쳤다. 평범한 소금조차 기도하는 마음으로 깎으면 이렇게 눈부시다. 소금이 일상의 경건을 의미하듯, 십자가는 날마다 지고 따르는 것이다. 한스 뤼디 웨버가 강조한 '솔티 크리스찬(salty Christian)', 즉 '소금 그리스도인'은 복음의 맛을 세상에 적절하게 전달하고, 건강한 짠맛을 우려낼 줄 아는 사람을 가리킨다. 그들은 자신을 녹여 세상을 건강하게 지키는 하나님의 사람들이다.

화해 십자가

진리가 너희를 자유케 하리라

**너희가 내 말에 거하면 참으로 내 제자가 되고
진리를 알지니 진리가 너희를 자유롭게 하리라**
(요한복음 8:31하-32)

옛 동독 지역 아이히스펠트 분단박물관에서 구입한 철조망 조각 5개로 만든 화해 십자가이다. 이 십자가는 페터 피셔의 작품으로 아이쉐어(Eischer) 지역을 동서로 갈라놓았던 분단의 산 증거이다. 십자가 중앙에 두 사람이 기어오르고 있는 모습을 볼트와 너트로 표현했다. 그들은 벽과 담을 헐기 위해 힘겨운 싸움을 하고 있는 것 같다. 예수님은 진리 안에서만 참된 자유를 맛볼 수 있다고 말씀하신다. 막힌 담을 헐고자 이 땅에 오신 예수님 앞에서 어떤 장벽도 우리를 가두지 못할 것이다. 십자가는 우리를 자유롭게 한다.

환대 십자가

사랑을 베푼 자입니다

네 마음을 다하며 목숨을 다하며 힘을 다하며 뜻을 다하여
주 너의 하나님을 사랑하고
또한 네 이웃을 네 자신 같이 사랑하라 하였나이다
예수께서 이르시되 네 대답이 옳도다 이를 행하라 그러면 살리라 하시니
(누가복음 10:27하-28)

아일랜드의 전통 십자가인 '성 브리짓 십자가(St. Brigid's Cross)'이다. 이 십자가는 아일랜드의 성녀 브리짓이 아버지인 왕이 임종하려 할 때, 급히 짚을 엮어 십자가를 만들어 신앙고백을 받았다는 전설에서 유래한다. 한편으로는 맞잡은 팔을 형상화한 것이라고도 한다. 지금도 아일랜느 인들은 이 십자가를 문 위에 걸어놓고 손님을 환대한다. 예수님이 말씀하신 율법의 완성은 지금 내게 다가오는 한 사람을 손을 잡아 주는 것, 그 작은 환대로부터 시작된다.

검은 예수 십자가

섬기는 자가 되어라

**너희 중에 큰 자는 너희를 섬기는 자가 되어야 하리라
누구든지 자기를 높이는 자는 낮아지고
누구든지 자기를 낮추는 자는 높아지리라**
(누가복음 23:11-12)

아프리카 탄자니아의 자랑인 흑단나무로 조각한 십자가이다. 묵직한 느낌의 이 십자가에는 아프리카의 대지와 그곳 사람들의 아픔이 담겨 있다. 아프리카의 흑인들은 노예로 끌려가고, 서구의 식민지로 전락하는 과정 속에서 예수님을 만났다. 그들이 만난 주님은 그들과 똑같이 섬기는 자로 오신 그리스도였다. 고통 속에 살고 있던 흑인들에게 예수님은 위로가 되었고 소망이 되었다. 그들은 더 이상 노예가 아니라, 주님의 제자였다. 그리스도는 그들과 하나가 되어 검은 예수가 되셨다.

이삭 십자가

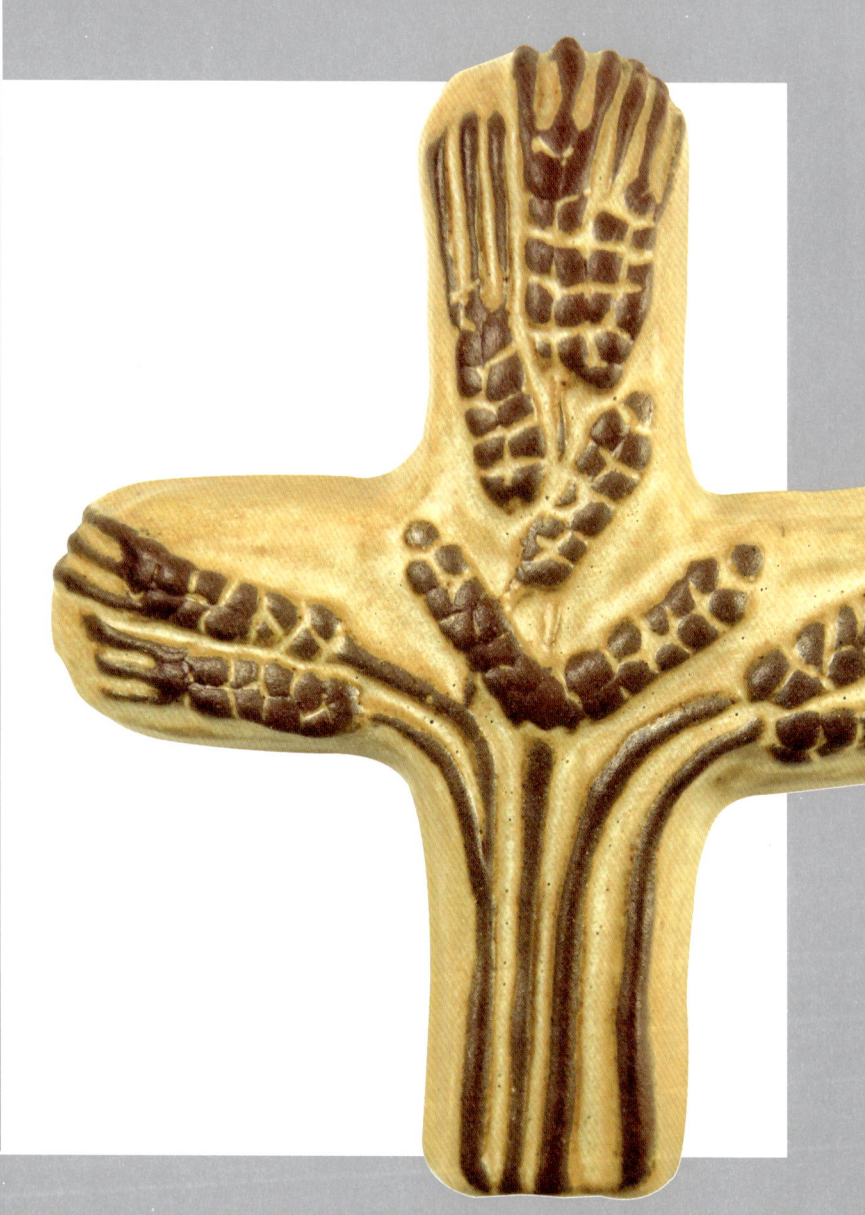

한 알의 밀알

**내가 진실로 진실로 너희에게 이르노니
한 알의 밀이 땅에 떨어져 죽지 아니하면 한 알 그대로 있고
죽으면 많은 열매를 맺느니라**
(요한복음 12:24)

체코 보헤미아 지방의 십자가이다. 풍성한 밀 이삭들이 새겨진 이 십자가는 농부의 꿈이었을 것이다. 모든 농사는 봄에 씨를 뿌리는 것으로 시작한다. 씨앗의 할 일은 오직 하나! 그 자리에 파묻혀 썩어지는 것이다. 한 알의 밀알이 정직하게 땅을 받아들여 희생하면, 하나님은 물결치는 황금늘판으로 응답하신다. 그리스도인들은 누구나 세상에 한 알의 밀알로 심겨졌다. 하나님의 사람들은 한 알의 밀알이 세상이라는 흙에서 밀밭을 일굴 것이라는 소망을 품고, 자신을 희생하여 싹을 틔운다.

등불 십자가

너희는 준비하고 깨어 있으라

**진실로 너희에게 이르노니
내가 너희를 알지 못하노라 하였느니라
그런즉 깨어 있으라
너희는 그 날과 그 때를 알지 못하느니라**
(마태복음 25:12-13)

나무 십자가에 지혜의 등불을 든 천사를 곱게 채색한 십자가이다. 깊고 푸른 새벽, 어둠에서 빛으로 나아오는 천사의 음성을 들으라! 등잔과 천사의 날개는 신성한 붉은 색이고, 불꽃은 희망의 녹색이다. 어둠이 깊어갈수록 등불을 높이 들 때다. 등불을 든 천사는 수태고지의 가브리엘 같기도 하고, 신랑을 맞을 준비를 하며 등불을 예비하는 열 처녀의 모습을 연상시키기도 한다. 깨어라! 깨어라!

Essay

나를 제자 삼으소서

복음서에서 가장 생기 넘치는 장면을 꼽으라면 예수님께서 갈릴리에서 제자를 부르시는 장면을 들 수 있다. 시작은 모두 아름답다. 예수님의 첫 사역은 하나님 나라를 선포하는 일이요, 사역에 참여할 사람을 부르는 일이었다.

예수님은 갈릴리 해변을 다니시다가 눈에 띄는 두 그룹을 만났고 그들을 부르셨다. 아마 예수님과 그들은 전혀 모르는 사이가 아니었을 것이다. 더군다나 같은 갈릴리에서 살았기 때문에 예전부터 소문을 들었고, 먼발치에서라도 본 적이 있었을 것이다.

베드로와 안드레는 고기를 잡으러 그물을 던지고 있는 중이었다. 그런데 예수께서 그들을 부르시자 곧 따랐다.

> "말씀하시되 나를 따라오라 내가 너희를 사람을 낚는 어부가
> 되게 하리라 하시니 그들이 곧 그물을 버려두고 예수를 따르
> 니라"(마태복음 4:19-20)

야고보와 요한은 아버지와 함께 그물을 깁는 중이었다. 이번에도 예수께서 그들을 "보시고 부르시니, 그들이 곧 배와 아버지를 버려두고 예수를 따"(마태복음 4:21-22)랐다.

그들의 따름이 얼마나 놀라운가? 그들은 뒤돌아보고, 재고, 따지고, 수지타산을 계산할 새 없이 마치 기다렸다는 사람처럼 "곧", "버려두고" 예수를 따랐다. 얼마나 즉각적인가? 그 만남과 부르심은 놀라운 사건이었다.

이처럼 예수의 부르심은 극적이고 드라마틱하다. 그것은 단순히 예수를 지지하고 따르는 이들과의 만남이 아니기 때문이다. 그들은 제자단의 핵심 그룹으로 초대를 받은 것이다. 핵심그룹에게는 완벽한 헌신이 요구된다. 그들은 이렇게 출발부터 특별하였다.

예수님은 본래 그들의 위대성을 알아보시고 선택하셨을까? 그렇지 않다. 사실 그분은 선생님 말씀을 고분고분 잘 듣고, 암기 잘하며, 지식의

양을 자랑하는 엘리트를 뽑아 세우지 않았다. 예수님은 창의성 있고, 개성이 뚜렷한 사람, 불량학생이란 딱지를 달고 다니지만 의협심이 강한 사람들을 제자로 부르셨다.

예수님의 수제자인 베드로 뿐 아니라 다른 제자들도 마찬가지이다. 그들은 사회의 엘리트 코스를 수료하거나, 자수성가한 젊은이들이 아니었다. 대신 삶을 진지하게 붙잡고, 고난을 이겨낸 경험이 있으며 특히 세상이 변하고 있음을 느끼는 젊은이들이다.

어부, 세리, 혁명당원 등으로 불린 그들은 성격적으로 겁쟁이, 욕심꾸러기였고, 성질이 급하고, 유난히 의심 많은 보통 사람들의 모습을 닮았다. 그러나 뜨거운 가슴과 가난한 진실을 가진 이들, 특히 예수의 부르심에 과감하게 응답했던 장본인들이다.

사도 바울은 말한다.

"그러나 하나님께서 세상의 미련한 것들을 택하사 지혜 있는 자들을 부끄럽게 하려 하시고 세상의 약한 것들을 택하사 강한 것들을 부끄럽게 하려 하시며 하나님께서 세상의 천한 것

들과 멸시 받는 것들과 없는 것들을 택하사 있는 것들을 폐하
려 하시나니 이는 아무 육체도 하나님 앞에서 자랑하지 못하
게 하려 하심이라"(고린도전서 1:27-29).

상상해 보라. 예수님이 '사람은 밥만이 아니라 하나님의 말씀으로 산다, 겨자씨 속에도 하늘나라가 잉태한다……' 이런 이야기를 할 때, 과연 누가 이해할 수 있었겠는가? 그것은 하나님 앞에서 미련함을 인정할 줄 아는 사람만이, 자신의 연약함을 알고 있는 사람만이, 자신을 낮추고 내려놓은 사람만이 알아들을 수 있는 일이다.

이제 갈릴리 어부들은 물고기를 잡는 그물을 버리고 사람을 사람답게 하는 그물을 택하였다. 물고기를 낚는 어부에서 사람을 낚는 어부로! 그것은 인생의 전환점이며, 이전 삶의 청산이며, 삶의 목표에 대한 완벽한 수정이었다.

예수님은 우리를 향해 부르셨다.

"나를 따라 오라"(마태복음 4:19).

그것은 육체적으로만 쫓아다니라는 말이 아니다. 예수님을 주인으로 모시고 살라는 것이다. 누가 참 제자인가? 나는 과연 사람을 쫓고 있는가? 예수 그리스도를 내 삶의 주인으로 모시고 사는가?

제자들의 삶을 보라.

지금 포기하는 자는 나중에는 얻게 될 것이다. 그들은 현실을 포기하고 장차 올 하나님 나라를 얻었다.

지금 부르심을 받는 자는 나중에는 부르는 자가 될 것이다. 그들은 당장 예수의 말씀을 따랐으며 장차 세상 사람들을 부르는 전도자가 되었다.

지금 복음을 듣는 자는 나중에는 전파하는 자가 될 것이다. 그들은 지금 예수의 말씀을 들었으며 장차 복음을 전파하는 사도가 되었다.

그렇다면 과연 예수님의 말씀이 모두 달콤하고, 듣기 좋았던 것일까? 제자 중 많은 무리가 예수님의 말씀을 들은 후 "이 말씀은 어렵도다. 누가 들을 수 있느냐"(요한복음 6:60하)라고 말하면서 떠나갔다. 그들은 다시 돌아오지 않았다.

그것을 보신 예수께서는 열두 제자에게 너희도 가겠느냐고 물으신다. 제자들에게는 매번 결단이 요청되었다. 그때 시몬 베드로가 대답했다.

"주여 영생의 말씀이 주께 있사오니 우리가 누구에게로 가오리이까"(요한복음 6:68).

이제 우리를 향해 예수님은 말씀하신다.

"그러므로 너희는 가서 모든 민족을 제자로 삼아 아버지와 아들과 성령의 이름으로 세례를 베풀고 내가 너희에게 분부한 모든 것을 가르쳐 지키게 하라"(마태복음 28:19-20상).

예수님은 훌륭한 선생이었다. 제자를 부르는 방식이나, 말씀을 가르치는 방식이나 우리는 그분을 배워야 한다. 주님은 비록 학교 문턱에도 가보지 않았지만, 혁신적인 교육방법을 통해 온 이스라엘과 유대에서 지혜의 스승이 되셨다.

또한 교사로서 당신의 온몸을 던져 깨우침을 준 위대한 스승이셨다. 주님은 몸소 제자들의 발을 씻어 주심으로써 섬김의 도를 가르쳐 주셨다. 십자가형을 마다않고 자신의 목숨을 바쳐 마침내 그리스도라는 고백을 이끌어내셨다. 예수님은 불가능한 경계를 넘어 진리가 무엇인지 몸으로 보여 주심으로써 제자들을 변화시키셨다.

게다가 예수님은 순진한 어린이들과, 사람으로 대접받지 못하던 여성들, 땅의 사람들인 농부와 노동자들, 심지어 나면서부터 죄인이라던 불구자들, 한센병 환자들, 들의 백합, 공중의 새에서도 하늘의 뜻을 찾으셨다.

그것이 바로 예수님의 교육론이다. 주님은 하나님과 사람 사이의 간격, 하늘의 평화와 땅의 평화의 차이를 일치시키려고 오시지 않았던가? 발을 씻어 주시는 선생님, 종에게 무릎을 꿇는 주인, 죄인을 대신해 십자가에 죽은 의인…… 이쯤 되면 이런 고백이 절로 나온다.

"주님! 나를 제자 삼으소서."

그분의 제자가 되면 얼마나 신이 날까? 얼마나 든든할까?

옛날 그리스 어부들은 하늘을 향해 이렇게 기도했다고 한다.

"나의 배는 너무나 작고 바다는 너무나 큽니다."

그렇다. 인간의 욕망에 비해 우리의 배는 얼마나 작고, 큰 바다의 위험 속에서 우리는 얼마나 불안한 존재들인가? 우리의 그물로는 고작 일용할 양식을 얻기도 힘들지 않은가. 그러기에 이제는 '인생의 그물을 내리고, 하늘 그물을 소유하라!' 는 주님의 음성을 들어야 한다.

이미 우리는 제자들처럼 하나님의 학교에 부르심을 받은 사람들이다. 그것도 장학생으로! 무엇보다도 예수님은 불량학생이었던 나를 불러 주셨다. 얼마나 감격스러운가? 변화무쌍한 세상에서 갈 바를 알지 못하는 미련한 나를 지명하여 택해 주셨다는 기쁨, 이것은 신앙인들이 드릴 감사이다.

사실 우리에게는 별다른 표식이 없다. 우리와 다른 사람들을 구별할 수 있는 유일한 방법은 예수님께서 말씀하신대로 서로 사랑하는 일이다. 그때 우리는 하나님의 학교에서 배우는 제자들임을 드러낼 수 있다.

> "너희가 서로 사랑하면 이로써 모든 사람이 너희가 내 제자인 줄 알리라"(요한복음 13:35).

명심하라! 하나님의 학교는 교회 안에만 있는 것이 아니다. 우리들의 삶의 현장에도 있다.

우리의 선생님은 우리가 삶 속에서 부딪치는 숱한 숙제를 통해 우리의 구원을 이루시는 하나님이시다.

"주님! 나를 제자 삼으소서."

켈트 십자가

영국과 아일랜드의 전통양식인 켈트 십자가는 아일랜드의 수도사인 성 콜롬바가 처음으로 사용했다고 전해진다. 십자가 가운데 원형의 아우라(Aura)를 둘렀는데, 이 아우라는 거룩한 빛, 곧 신성한 태양의 둥근 띠를 나타낸다. 십자가와 신성을 함께 품고 있는 켈트 십자가는 세상 속의 하나님 나라를 상징한다.

하나님의 나라는 너희 가운데 있다

Part 3

에티오피아 십자가

하나님 나라가 가까웠다

요한이 잡힌 후 예수께서 갈릴리에 오셔서
하나님의 복음을 전파하여 이르시되
때가 찼고 하나님의 나라가 가까이 왔으니
회개하고 복음을 믿으라 하시더라
(마가복음 1:14-15)

에티오피아 정교회의 십자가이다. 사방으로 퍼져나간 작은 십자가들은 마치 고목에 핀 꽃송이처럼 느껴진다. 사하라 이남의 에티오피아 정교회는 다양하고 화려한 십자가로 유명하다. 기하학적인 문양으로 장식한 은 십자가나 작은 십자가들로 가득한 나무 십자가들이 그것이나. 사제가 십자가를 앞세워 행진하면, 사람들은 십자가에 입을 맞추며 그리스도의 자비를 간구한다. 하나님 나라가 가까이 왔으니 회개하라는 주님의 말씀을 떠올리며 간절히 기도한다. '주여, 저희를 불쌍히 여기소서.'

물고기 십자가

거듭나야 가는 나라

예수께서 대답하시되
진실로 진실로 네게 이르노니
사람이 물과 성령으로 나지 아니하면
하나님의 나라에 들어갈 수 없느니라
(요한복음 3:5)

십자가와 물고기를 새긴 벽걸이용 성수반(聖水盤)이다. 초대교회 시대부터 물고기(ΙΧΘΥΣ, 익투스)는 대표적인 그리스도의 상징이었다. 익투스는 초대교회의 신앙고백인 '예수 그리스도 하나님의 아들 구세주(Ιησου ς Χριστος Θεου Υιος Σωτηρ)'에서 각 단어의 머리글자를 모은 것이다. 카타콤의 벽에 새겨진 크고 작은 물고기들은 죽음을 이긴 초대교회 그리스도인들의 신앙을 보여 준다. 깊은 밤 찾아온 니고데모에게 예수님은 거듭나지 않으면 하나님 나라에 들어갈 수 없다고 말씀하셨다. 주님이 말씀하셨던 거듭난 사람들은, 무덤 속에서도 하나님 나라를 누렸다.

안달루시아 십자가

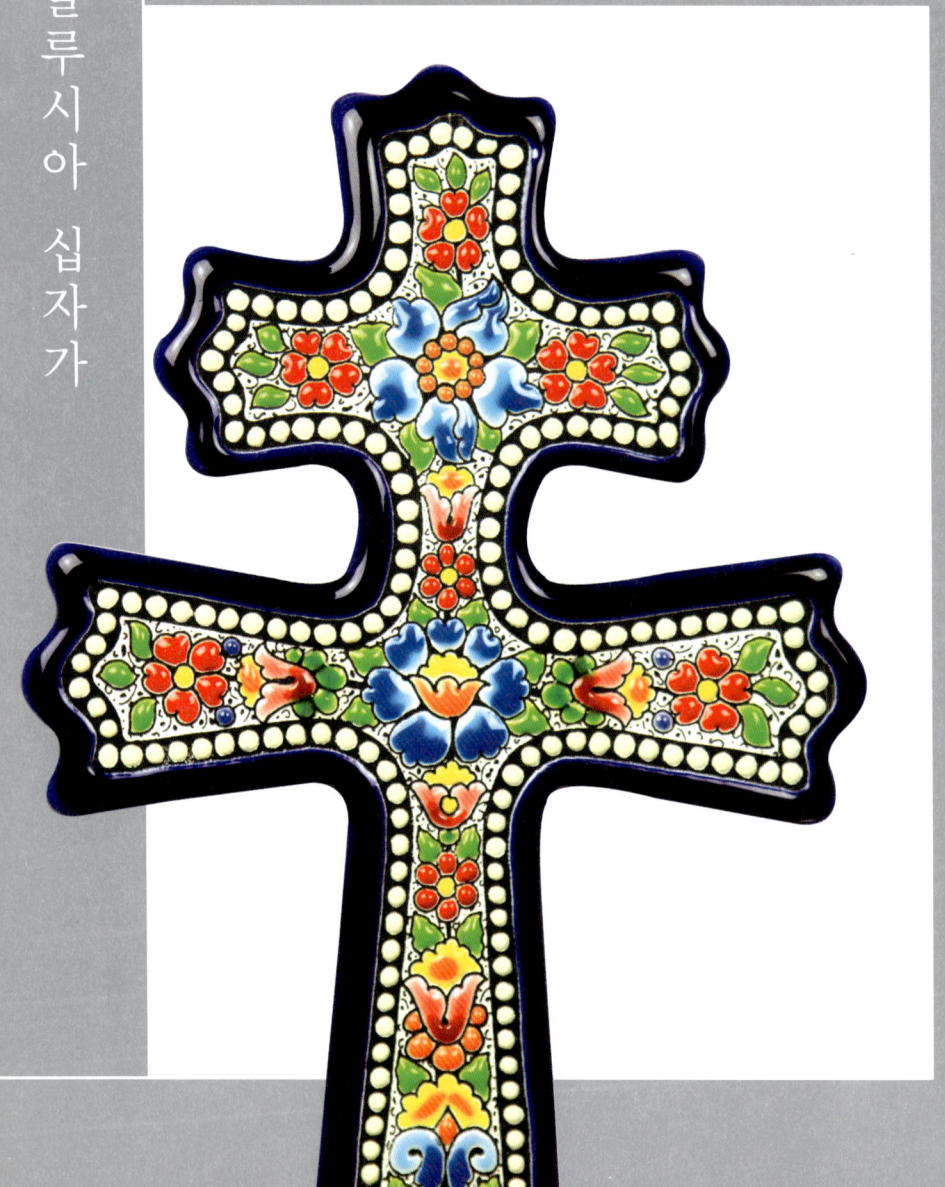

그의 나라와 의를 구하라

너희 하늘 아버지께서 이 모든 것이 너희에게
있어야 할 줄을 아시느니라
그런즉 너희는 먼저 그의 나라와 그의 의를 구하라
그리하면 이 모든 것을 너희에게 더하시리라

(마태복음 6:32하-33)

스페인의 안달루시아에서 만들어진 십자가이다. 이중 가로대는 주교 십자가를 의미한다. 안달루시아는 오랫동안 아랍의 지배를 받아 독특한 지방색을 갖고 있다. 이 십자가에도 아랍풍의 무늬와 붉고 푸른빛의 꽃이 가득하다. 예수님은 먹을 것과 입을 것을 염려하지 말라고 하시며 들의 꽃과 공중의 새가 얼마나 아름답고 자유로운지 보여주신다. 그들이 아무 것도 하지 않아도 하나님은 먹이시고 입히신다. 길가의 풀 한 포기조차 모두 하나님의 음성을 듣고 살아간다. 오직 인간만이 무위(無爲) 가운데 하나님 나라가 있음을 모르고 염려한다.

인디오 십자가

가난한 자는 복이 있다

너희 가난한 자는 복이 있나니 하나님의 나라가 너희 것임이요
지금 주린 자는 복이 있나니 너희가 배부름을 얻을 것임이요
지금 우는 자는 복이 있나니 너희가 웃을 것임이요

(누가복음 6:20하–21)

페루의 십자가이다. 남아메리카 인디오들이 십자가를 짊어진 모습을 흙으로 구워냈다. 작고 가난한 이들은 십자가를 나눈다. 함께 십자가를 지면서 더욱 사랑하게 되니, 그 모습이 아름답다. 가난하므로 더불어 갈 수 있으니 그들은 복된 이들이다. 예수님은 자신을 따라 들에 나온 무리 앞에서 이 말씀을 선포하셨다. 그들은 목이 마르고 주렸으며 가난했다. 그러나 주님은 그들에게 복되다 하시고 하나님 나라를 선물로 주셨다. 그곳에서 우리의 부족함은 우리의 축복이 된다!

보석 십자가

밭에서 찾은 보물, 천국

**천국은 마치 밭에 감추인 보화와 같으니
사람이 이를 발견한 후 숨겨 두고 기뻐하며 돌아가서
자기의 소유를 다 팔아 그 밭을 사느니라**

(마태복음 13:44)

이탈리아 베니스, 그 중에서도 무라노 섬은 유리공예로 유명하다. 이 십자가는 바로 그곳에서 만들어진 유리보석 십자가이다. 무라노의 장인들은 모래에 천 도가 넘는 열을 가해 유리를 만든다. 불순물이 사라져 투명해진 유리에 색을 입히면, 보석이 된다. 예수님은 하나님 나라를 찾는 이들의 마음이 어떠해야 하는지 비유로 말씀하셨다. 그것은 밭을 갈다가 보물을 찾은 기쁨이다. 모든 것을 팔아 그 밭을 살 만큼 절실한 것이다. 하나님 나라는 보물 중의 보물이다.

씨앗 십자가

하나님 나라는 겨자씨와 같다

천국은 마치 사람이 자기 밭에 갖다 심은 겨자씨 한 알 같으니
이는 모든 씨보다 작은 것이로되 자란 후에는 풀보다 커서 나무가 되매
공중의 새들이 와서 그 가지에 깃들이느니라

(마태복음 13:31하-32)

십자 형태의 점토 그릇 안에 여러 가지 씨앗을 담아서 만들었다. 가운데 그릇에 담겨있는 것은 멕시코 마야 지역의 코피놀(Kopinol) 나무의 씨앗으로 만든 십자가로, 집과 새, 그리고 마을을 빼곡하게 그려 넣었다. 작은 씨앗이지만, 그 안에는 온 세상이 담겨 있다. 예수님은 이렇게 작고 보잘 것 없는 것들에 담긴 신비를 사랑하셨다. 크고 위대한 것만 바라던 시선을 돌려 주위의 무심히 여겼던 것들을 눈여겨보자. 그 안에 숨어있는 하나님 나라가 보일 것이다.

방주 십자가

어린이, 천국의 주인

내가 진실로 너희에게 이르노니
누구든지 하나님의 나라를 어린 아이와 같이 받아들이지 않는 자는
결단코 거기 들어가지 못하리라 하시니라

(누가복음 18:17)

어린이들의 그림으로 장식한 나무 십자가이다. '햇빛은 쨍쨍, 모래알은 반짝' 하는 맑은 날 노아의 방주 뒤로 무지개가 떴다. 방주에서 나온 나귀와 사자는 함께 평화롭고, 다른 동물들도 소풍을 나온 아이처럼 웃고 있다. 구원과 생명의 즐거움이 넘치는 이 십자가는 어린이들이 보는 하나님 나라를 아름답게 표현하였다. 예수님은 어린이들을 반기시고 그들을 축복하셨다. 어린이들은 우리에게 하나님 나라가 누구의 것인지, 어떤 곳인지 가르쳐 준다.

Essay

일용할 양식을 주시옵고

우리는 하나님의 은혜로 살아간다. 그래서 그리스도인은 은혜의 백성이라고 말할 수 있다. 하루하루 일용할 은혜가 없으면, 우리의 삶은 얼마나 지치고 힘이 들까?

주기도문은 날마다 하나님과 동행하는 일용할 은혜에 대한 내용이다. 예수님께서 가르쳐 주신 기도이니, 기도에 관한 한 모범답이라고 할 수 있다. 이 기도문의 핵심은 무엇일까? 주기도문에는 인간이 소원할 수 있는 가장 기본적인 욕구인 '일용할 양식'으로부터 '하나님 나라'까지 모두 담겨있다.

내 경우, 청년시절에는 "나라가 임하시오며"(마태복음 6:10)에 집중했다. 그런데 요즘은 "오늘 우리에게 일용할 양식을 주시옵고"(마태복음 6:11)가 가슴에 와 닿는다. 나이가 들고 책임의 무게가 느껴지면서 일용할 양식의 문제는 늘 절실하다.

사실 사람들에게 가장 소중한 기도는 "나라가 임하시오며"가 아니다. "일용할 양식"이야말로 모든 사람에게 있어 가장 기본적인 기도의 제목이다. 돈 버는 문제, 먹고 사는 일에 대한 걱정, 자녀로 인한 근심 등. 우리가 드리는 대부분의 기도는 사실 이런 내용들이 아닌가? 비록 겉으로는 세상적인 것이라고 짐짓 뒤로 미루어 놓으면서도, 속으로는 가장 열중해 왔던 것이다.

신학자 로마이어는 "'오늘 우리에게 일용할 양식을 주시옵고' 라는 주기도문의 네 번째 간구는 주기도문의 중심이고 핵심이다"라고 강조한다. 감사하게도 예수님도 우리의 속마음을 잘 아시고, "일용할 양식"에 대한 기도를 모든 간구 중에서도 가장 중심적인 내용으로 삼으셨다.

이렇게 중요한 일용할 양식의 문제가 담긴 주기도문이지만, 유감스럽게도 우리는 주기도문에 별로 관심이 없다. 마틴 루터는 "주기도문처럼 순교를 많이 당한 것은 없다"고 하였다. 우리가 주기도문의 본질을 잃었기 때문이다.

마틴 루터는 그의 『소교리문답집』에서 주기도문의 내용을 이렇게 묻고 또 대답한다.

Q "일용할 양식이란 무엇인가?"

A "일용할 양식은 삶을 위한 양식과 필수품에 속하는 모든 것들이다. 즉 먹는 것, 마시는 것, 옷, 신발, 집, 정원, 경작지, 가축, 현금, 재산, 순수하고 선한 배우자, 순박한 아이들, 착한 고용인, 정직하고 신뢰할 수 있는 통치자, 선한 정부, 좋은 날씨, 평화, 건강, 교육, 명예, 좋은 친구, 믿을 수 있는 이웃이다."

일용할 양식의 내용은 얼마나 구체적이며, 또 얼마나 포괄적인가!
예수님께서 이러한 구체적인 기도를 가르쳐 주신 이유는 우리 한 사람 한 사람의 삶이 매우 구체적이고, 현실적이기 때문이다.
예수님이 가르쳐 주신 기도에 따르면 기도는 생활이고, 기도는 권리이며, 기도는 의무이다. 그래서 "일용할 양식" 못지않게 '일용할 기도'가 필요하다. 하루에 몇 잔씩 커피를 마시듯, 하루에 몇 차례씩 하나님을 향해 마음을 모아야 한다.
우리에게는 어떤 일용할 양식이 필요할까? 하루의 즐거움을 위해서는 '일용할 감사, 일용할 침묵, 일용할 운동, 일용할 꿈, 일용할 기쁨, 일용할 기도, 일용할 감동, 일용할 봉사……'가 필요하다. 그뿐 아니다. '일용할 칭찬, 일용할 자랑, 일용할 분노, 일용할 글쓰기, 일용할 기억력, 일용할 메모, 일용할 독서, 일용할 문자와 메일, 일용할 전화통화 등.' 도 필요하다.

물론 여기에 그칠 수는 없다. 우리 그리스도인은 주기도문의 내용을 더 충실하게 기도해야 한다. '일용할 양식'으로부터 '하나님 나라'까지.

"그러므로 너희는 이렇게 기도하라"(마태복음 6:9).

사실 기도의 내용과 기도의 성격에 따라서 우리 인생의 운명이 결정된다. 다시 말해서, 무엇을 기도하느냐에 따라서 그의 인생의 방향이 결정되고, 마침내 그의 운명이 정해지기 때문이다. 예수님이 주기도문을 통해 우리에게 가르쳐 주신 기도는 네 인생을 부둥켜안으라는 것이다. 더 나아가 온 세계를 끌어안으라는 것이다.

『세계를 부둥켜안은 기도』라는 책이 있다. 헬무트 틸리케 목사의 주기도문 강해집이다. 그는 나치의 공포정치가 종말을 고할 당시, 연합군의 공습과 점령이 막바지에 달했던 시기에, 교회와 방공호 그리고 폐허에서 주기도문을 11차례나 설교하였다.

그는 말한다.

"주기도문은 진실로 세계를 부둥켜안은 기도입니다. 세상에는 소소한 일상의 일이 있는가 하면 '세계사의 시각에서 바라봐야 할 문제'도 있습니다.…… 아무 염려가 없는 어린이들이 있는가 하면 어른들을 노심초사하게 만드는 문제들도 있습니다."

전쟁이 끝난 후 그는 다시 말했다.

"온 세상이 주님의 손 안에 들어 있습니다. 그리고 우리가 기도하면서 그 세상을 하나님께 들어올릴 때, 세상은 우리 손 안에도 들어 있습니다. 바로 그 기도로 이 세상을 새롭게 보게 되는 것, 그보다 더 위대한 일이 있을까요?"

그렇다. 주기도문은 결국 우리가 드리는 기도에서 내면적 개혁을 단행하라는 요구이다. 일용할 양식을 위해 기도하든지, 하나님 나라를 위해 기도하든지, 그 모든 기도의 삶은 예수님의 말씀, 그분의 뜻대로 사는 일이다.

우루과이의 한 작은 성당의 벽에 쓰여 있는 기도문이다. 〈주님의 기도를 바칠 때〉라는 제목의 글인데 주기도문 구절구절마다 반성과 성찰을 의미하는 한 마디씩을 덧붙여 놓고 있다.

주님의 기도를 바칠 때

"하늘에 계신"이라고 하지 말아라. 세상일에만 빠져 있으면서.

"우리"라고 하지 말아라. 너 혼자만 생각하며 살아가면서.

"아버지여"라고 하지 말아라. 아들, 딸로서 살지 않으면서.

"이름이 거룩히 여김을 받으시오며"라고 하지 말아라. 자기 이름을 빛내기 위해서 안간힘을 쓰면서.

"나라가 임하시오며"라고 하지 말아라. 물질만능의 나라를 원하면서.

"뜻이 하늘에서 이루어진 것 같이 땅에서도 이루어지이다"라고 하지 말아라. 내 뜻대로 되기를 기도하면서.

"오늘 우리에게 일용할 양식을 주시옵고"라고 하지 말아라. 가난한 이들을 본체만체하면서.

"우리가 우리에게 죄 지은 자를 사하여 준 것 같이 우리 죄를 사하여 주시옵고"라고 하지 말아라. 누구에겐가 아직도 앙심을 품고 있으면서.

"우리를 시험에 들게 하지 마시옵고"라고 하지 말아라. 죄 지을 기회를 찾아다니면서.

"다만 악에서 구하시옵소서"라고 하지 말아라. 악을 보고도 아무런 양심의 소리를 듣지 않으면서.

동방정교회는 주기도문을 대단히 거룩하게 여기고, 높인다. 그들은 주기도문을 암송하기 전에 먼저 이렇게 선언하고 주기도문을 고백한다.

> "오, 주님! 우리를 용납하옵소서. 우리가 기쁘고 담대하게 하늘에 계신 주 하나님을 아버지라 부르고 주기도문을 암송하는 것을 받아 주옵소서."

주기도문에서 일용한 양식은 일용할 필요뿐만 아니라, 일용할 은혜에 대한 간구이다. 주기도문에서 하나님 나라에 대한 기도는 '나의' 일용할 양식을 위해 기도하듯이, '남의' 일용할 양식을 위해서도 기도하는 것이다.

그리스도인은 일용할 양식을 구하면서 동시에 하나님 나라를 위해 기도해야 한다. 주님이 가르쳐 주신 기도를 암송하고 고백하면서, 그 말씀과 은혜를 내 안에서 회복해야 한다.

겟세마네 십자가

십자가 아래 턱을 괸 채 앉아 무슨 생각을 하실까? 머리 위의 처마가 현실에 안주하는 것을 의미한다면, 가시관은 이미 십자가의 길이 시작되었음을 보여준다. 예수님께서는 날마다 현실과 십자가 사이에서 주저하는 우리 때문에 이렇게 근심하신다. 고민하는 주님의 표정을 익살스럽게 표현했건만, 보는 이의 마음은 오히려 숙연해진다.

너희의 근심은
기쁨으로
바뀔것이다

Part 4

푸른 십자가

내게 생수를 주소서

내가 주는 물을 마시는 자는
영원히 목마르지 아니하리니
내가 주는 물은 그 속에서 영생하도록 솟아나는 샘물이 되리라
(요한복음 4:14)

오스트리아의 유리 십자가이다. 투명한 푸른빛은 새벽의 묵상을 불러일으키고, 한가운데 맴도는 동심원은 깊은 기도를 의미한다. 유럽의 대성당 돌바닥에는 순례자들이 무릎을 꿇고 기도하면서 따라갈 수 있도록 미로 형태의 동심원을 새겨 놓았다. 미로의 끝인 대성당의 중심에는 어김없이 십자가가 있다. 남편이 다섯이나 되었는데도 혼자 남은 사마리아 여인의 신산한 삶은 자신의 중심을 찾아가는 미로였을 것이다. 힘들고 지친 그녀가 예수님 앞에 무릎을 꿇었을 때, 그녀의 영혼은 생명의 물빛으로 가득 찼을 것이다.

무릎 십자가

내게 믿음을 주소서

예수께서 이르시되 할 수 있거든이 무슨 말이냐
믿는 자에게는 능히 하지 못할 일이 없느니라 하시니
곧 그 아이의 아버지가 소리를 질러 이르되
내가 믿나이다 나의 믿음 없는 것을 도와 주소서 하더라
(마가복음 9:23-24)

무릎을 꿇고 기도하는 사람의 형상을 본뜬 십자가이다. 아버지는 오늘도 밤이 새도록 무릎을 꿇고 기도한다. 귀신 들린 아들이 발작을 일으킬 때마다 그를 붙잡고 기도한다. 닐마다 기도하지만 아들의 병은 나을 줄을 모른다. 어느 날 예수님의 소문을 듣고 아버지는 아들을 데리고 길을 나섰다. 그리고 예수님을 만나자마자 매달려 아들을 살려달라고 울부짖었다. 영혼 깊은 곳의 절망이 터져 나왔다. 십자가에는 기도하는 이들의 눈물이 담겨 있다. 그 눈물은 보석이 되어 십자가의 중심을 채우고, 그리스도의 심장이 된다.

위로 십자가

나를 고쳐 주소서

예수께서 이르시되
딸아 네 믿음이 너를 구원하였으니 평안히 가라
네 병에서 놓여 건강할지어다
(마가복음 5:34)

독일개신교회(EKD)의 원목실 십자가이다. 흙으로 구워낸 십자가에는 아담한 꽃 화분이 새겨져 있다. 환자의 치유와 회복을 기원하는 선물처럼 따뜻한 느낌의 십자가이다. 공생애 기간 중 예수님이 가장 많이 만난 이들은 병자였다. 병으로 인해 부서진 그들의 몸과 마음은 주님의 사랑에 닿아 회복되고 새롭게 꽃을 피웠다. 때가 되어 그들의 뿌리가 튼튼해지면, 주님은 그들을 화분에서 들판으로 옮겨 심으실 것이다. 그분의 옷자락만 만져도 병이 나을 것이라고 믿었던 혈루병 여인처럼 우리도 십자가 안에 온전히 심겨지자!

햇빛 십자가

내가 보기를 원합니다

**예수께서 말씀하여 이르시되 네게 무엇을 하여 주기를 원하느냐
맹인이 이르되 선생님이여 보기를 원하나이다
예수께서 이르시되 가라 네 믿음이 너를 구원하였느니라 하시니
그가 곧 보게 되어 예수를 길에서 따르니라**
(마가복음 10:51-52)

네덜란드 십자가로, 건축자재 부스러기를 가져다 모자이크하여 성물(聖物)로 만든 것이 새롭다. 쓸모없는 조각들도 십자가 안에서 조화를 이루면 작품으로 거듭난다. 십자가 중심에 박힌 다섯 개의 흰 조각은 하나님을 상징하는 태양이며, 뻗어나간 햇살은 사방으로 퍼져나가 은혜의 빛을 골고루 비추고 있다. 그리스도의 품 안에서는 내 상처의 편린조차 조각보처럼 아름답다. 그리스도의 빛에 한번 눈을 뜬 자는 세상 모든 것에 눈을 감고 그분을 따르게 된다. 그것은 어둠에 갇혀 있었던 맹인의 이야기만이 아니다. 누구에게나 빛은 기적이다.

목마름 십자가

아무도 없습니다

**여자여 너를 고발하던 그들이 어디 있느냐 너를 정죄한 자가 없느냐
대답하되 주여 없나이다 예수께서 이르시되
나도 너를 정죄하지 아니하노니 가서 다시는 죄를 범하지 말라 하시니라**
(요한복음 8:10하-11)

처절한 모습으로 매달려 있는 뒷모습이 인상적인 십자가이다. 하늘을 향해 뻗은 가늘고 긴 팔은 십자가를 붙잡고 있다. 예수님은 간음한 여인을 끌고 온 이들에게 "죄 없는 자가 먼저 돌로 치라"고 말씀하셨다. 한 사람씩 자리를 뜨고 마침내 모두 사라졌는데도 여인은 일어서지 못했다. 주님은 여인의 과거를 덮으시고 그녀에게 새로운 삶을 주셨다. 많이 용서받은 자가 많이 사랑한다. 여인은 이전의 삶에서 완전히 돌아섰다. 그리고 오직 십자가를 향해 매달린다. 성경은 이것을 '회개'라고 부른다.

치로 십자가

내가 너와 함께 있겠다

예수께서 이르시되 오늘 구원이 이 집에 이르렀으니
이 사람도 아브라함의 자손임이로다
인자가 온 것은 잃어버린 자를 찾아 구원하려 함이니라
(누가복음 19:9-10)

이 십자가는 폐품을 활용하는 것으로 유명한 이탈리아의 미술가, 로베르토 치뽀로네(Roberto Ciporone)의 작품으로, 그의 이름을 따서 '치로 십자가'라고 불린다. 그는 40년 간 나눔과 평화를 지향하는 로삐아노 공동체에서 독신으로 살면서 작업을 해 왔다. 예수님은 당신을 보기 위해 나무에 올라가 있는 삭개오를 보고 부르셨다. 죄인이라 손가락질 받는 세리였지만 주님의 부르심을 받은 후 그는 변화하였다. 버려진 폐품으로 만든 치로 십자가를 보니 주님을 만난 삭개오가 떠오른다. 죄인은 없다. 우리가 잠시 잃어버렸을 뿐이다.

나사로 십자가

나사로야 나오너라

예수께서 이르시되 나는 부활이요 생명이니
나를 믿는 자는 죽어도 살겠고
무릇 살아서 나를 믿는 자는 영원히 죽지 아니하리니
이것을 네가 믿느냐
(요한복음 11:25-26)

러시아 정교회는 10세기 말 키예프 공화국을 시작으로 전파되어 러시아의 국교가 되었다. 이 십자가는 비잔틴의 영향을 받은 러시아 정교회의 삼단 십자가이다. 맨 위의 가로대는 명패이고, 아래 가로대는 발판이다. 발 밑의 해골은 아담을 의미하는데, 예수님이 죽음을 이기셨음을 보여주고 있다. 나사로의 죽음 앞에 주님은 눈물을 흘리며 그의 이름을 부르셨다. 그 소리에 나사로는 일어나 무덤 밖으로 나왔다. 오직 십자가의 사랑만이 죽음을 이기고 새로운 생명을 낳는다.

Essay

인생의 밤을 살아가는 이들에게

밤은 언제인가?

성경은 해가 질 때부터 뜰 때까지, 대략 저녁 6시부터 아침 6시까지를 밤이라고 했다. 신약 시대에는 로마의 영향을 받아 밤을 세 시간씩 네 부분으로 나누었다. "저물 때일는지, 밤중일는지, 닭 울 때일는지, 새벽일는지"(마가복음 13:35).

밤에 성을 지키는 파수 근무도 이에 따라 교대시간을 정하였다. "파수꾼이 아침을 기다림보다 내 영혼이 주를 더 기다리나니 참으로 파수꾼이 아침을 기다림보다 더하도다"(시편 130:6).

마지막 밤은 새벽이었다. 밤의 마지막 단계, 새벽은 하나님의 구원의 시간을 의미하였다. "새벽에 여호와께서 불과 구름 기둥 가운데서 애굽 군대를 보시고 애굽 군대를 어지럽게 하시며"(출애굽기 14:24).

시인에게 있어서 밤은 낮보다 매력이 있다. 그래서 '태양 아래에서는 역사를 쓰고, 달빛 아래에서 신화를 쓴다'는 말도 있다. 그러나 현실은 다르다. 삶은 그런 낭만이 지속되지 않는다. 사실 인생에는 영원한 밤도 영원한 낮도 없다.

성경은 낮 뿐 아니라 밤에 하나님의 인도하심을 구하도록 일깨워 준다. "내가 누워 자고 깨었으니 여호와께서 나를 붙드심이로다"(시편 3:5). 또한 시인은 이렇게 간구한다. "여호와여 아침에 주께서 나의 소리를 들으시리니 아침에 내가 주께 기도하고 바라리이다"(시편 5:3).

성경의 밤(마가복음 4:35-41)을 보라. 갈릴리 밤바다에 느닷없이 큰 광풍이 일고 물결이 뱃전에 사납게 부딪혔다. 두려움은 사나운 바람과 집채만한 파도보다 더 큰 동요와 더 무서운 공포를 불러일으켰다.

갈릴리는 제자들의 고향이었다. 그들은 그곳에서 잔뼈가 굵었고, 어른됨을 배우고, 삶의 쓴맛 단맛을 보았다. 그럼에도 풍랑 앞에 그들의 지식, 경험, 능력, 기술은 무용지물이 되고 말았다. 사람의 생각과 경험은 안전하고 예측할 수 있을 때만 유효한 것이다. 그러니 얼마나 불완전한 것인가?

우리의 삶에도 자주 위기가 닥친다. 믿음을 꺾는 바람, 소망을 감추는 어둠 그리고 무엇 하나 의지할 수 없는 두려움은 우리를 깊은 어둠 속에 가라앉게 한다. 배 고물에서 베개를 베고 주무시다가 제자들의 성화로 깨어난 예수님께서 말씀하신다. "어찌하여 이렇게 무서워하느냐 너희가 어찌 믿음이 없느냐"(마가복음 4:40). 복음서는 무기력한 제자들의 선택이 곧 신앙이라고 증거한다. 사랑과 용기와 믿음으로 주무시는 예수 그리스도를 깨우는 사람, 그는 진정한 그리스도인이다.

밤은 수난과 비극, 아픔과 고통 그리고 상처의 시간이다. 아픈 사람에게는 얼마나 밤이 긴지 모른다. 시인들은 자유가 억압받으며, 진리가 외면당하고, 정의가 사라진 현실 곧 역사의 밤을 암울하게 노래해 왔다. 그리고 새벽에 대한 찬가를 부르지 않았던가?

밤은 마치 창조 이전의 어둠, 혼돈과 공허의 상태와 다름없다. 십자가는 인류가 경험한 가장 깊은 어둠이고, 부활은 영원한 아침을 맞이한 사건이었다.

> "주 야훼의 사랑 다함 없고 그 자비 가실 줄 몰라라. 그 사랑, 그 자비 아침마다 새롭고 그 신실하심 그지없어라."(공동번역, 예레미야 애가 3:22-23)

나는 지금 어떤 상태인가? 스스로 어둠에 갇힌 사람도 있다. 그 어둠을 사랑한 사람의 위대함은 태양 아래 영웅보다 빛난다.

떼제 공동체를 세운 로제 수사의 이야기이다. "기도하는 사람에게는 길잡이별이 있습니다. 그것은 눈에 보이지 않는 숨은 자력처럼 사람을 이끌어 줍니다."

기도하는 사람은 걸음을 옮겨놓을수록 자기가 아닌 '어떤 분'의 거처가 되려고 창조되었음을 알게 된다. 자기의 내면에서 일어나는 일에 귀 기울이면서 자신이 유일무이한 존재라는 존귀함을 깨닫는다. 그의 기도는 진정한 아침을 예비한다.

가난한 기도를 통해 존재의 뿌리와 만나고, 타인을 위한 인간으로 거듭나는 것이다.

> "야곱아 너를 창조하신 여호와께서 지금 말씀하시느니라 이스라엘아 너를 지으신 이가 말씀하시느니라 너는 두려워하지 말라 내가 너를 구속하였고 내가 너를 지명하여 불렀나니 너는 내 것이라"(이사야 43:1).

『그리스 인 조르바』는 니코스 카잔차키스의 소설이다. 주인공 조르바는 날마다 에게 해에 떠오르는 태양을 바라보며 어린아이처럼 놀란다. 그는 그때마다 평생 태양을 처음 본 사람처럼 감격해한다. 마치 창조의 섬광과 같았다고 표현한다. 날마다 떠오르는 태양에서 창조의 섬광을 느끼는 것은 아무나 할 수 있는 경험이 아니다.
성경은 그리스도 안에 머물기 이전의 삶을 어둠, 잠 그리고 밤이라 말하고, 그리스도와 함께 살아가는 삶을 깨어 있는, 빛 가운데 살아가는, 언제나 한낮으로 생각하고 단정하게 살아가는 것으로 이해하였다.

> "예수께서 우리를 위하여 죽으사 우리로 하여금 깨어 있든지 자든지 자기와 함께 살게 하려 하셨느니라"(데살로니가전서 5:10).

누구에게나 인생의 밤이 있다. 아무도 느끼지 못하는 나만의 어둠이 있다. 예수께서는 그런 밤에 우리를 찾아오셨다. 인생의 깊은 밤, 역사의 어두운 저녁……. 아기 예수는 구원의 여명을 그렇게 예비하셨다. 우리가 '크리스마스이브'라고 할 때 이브(eve)는 이브닝(evening)이란 의미이다. 즉 어두움과 밤은 새로운 역사가 탄생하는 '시작'의 징표인 것이다.

아, 하나님의 역사는 끝에서부터 시작하는 것이구나!

인생의 어둠과 진실하게 씨름한 사람만이 진실한 아침을 맞이할 수 있다. 밤새 천사와 씨름한 야곱처럼 진정한 어둠을 경험한 사람만이 진정한 새로운 아침을 맞는 법이다.

왕관 십자가

체코 보헤미아 지방의 왕관을 쓴 그리스도의 십자가이다. 이 십자가는 예수 그리스도를 왕인 동시에 수난자로 표현하고 있다. 종이 된 왕, 대속물이 된 그리스도는 바다와 하늘 사이처럼 멀다. 하지만 예수 그리스도의 대관식은 십자가 위에서 이루어졌다. 그 설명할 수 없는 신비(神秘)를 우리는 '사랑'이라고 부른다.

너희는 나를 누구라 하느냐

Part 5

어린 양 십자가

하나님의 어린 양

**이튿날 요한이 예수께서 자기에게 나아오심을 보고 이르되
보라 세상 죄를 지고 가는 하나님의 어린 양이로다**
(요한복음 1:29)

깊은 전통의 어린 양 십자가이다. 십자가의 중앙에는 예수님을 나타내는 깃발을 멘 어린 양이 새겨져 있다. 예수님의 공생애의 시작을 알렸던 세례 요한은 예수님을 일컬어 '하나님의 어린 양'이라 불렀다. 구약에 나오는 유월절의 희생 제물이자, 이사야가 예언했던 '도수장으로 끌려가는 어린 양'은 모두 그리스도의 예표였다. 그 전통에 따라 오늘날에도 그리스도인들은 이렇게 기도한다. "하나님의 어린 양, 세상의 죄를 대속하신 주여. 자비를 베푸소서!"

타우 십자가

안식일의 주인

나는 자비를 원하고 제사를 원하지 아니하노라 하신 뜻을
너희가 알았더라면 무죄한 자를 정죄하지 아니하였으리라
인자는 안식일의 주인이니라 하시니라
(마태복음 12:7-8)

헬라어 타우(τ)자를 본떠 만든 십자가로, 타우 십자가 또는 안토니우스 십자가라고도 불린다. 유럽 최초의 정주(定住) 수도원인 베네딕트 수도원에서 사용하는 십자가이다. 수도원은 모든 것을 하나님께 바친 이들이 기도와 노동을 하며 살아가는 공동체이다. 타우 십자가 역시 하나님의 전적인 주권을 나타낸다. 안식일의 규례를 지키지 않았다고 지적하는 이들을 향해 예수님은 안식일의 본질은 율법이 아니라 사랑이라고 말씀하신다. 안식일의 주인은 율법이 아니라 하나님의 사랑으로 살아가는 사람이다.

빵 십자가

생명의 떡

**예수께서 이르시되 나는 생명의 떡이니
내게 오는 자는 결코 주리지 아니할 터이요
나를 믿는 자는 영원히 목마르지 아니하리라**
(요한복음 6:35)

빵 십자가는 십자가 모양으로 밀가루를 반죽하여 오븐에 구워낸 후 말려서 만든다. 오늘의 양식이 십자가로 변하였다. 그것은 우리에게 날마다 짊어져야 할 일용할 아픔이 있고, 일용할 사랑이 필요하다는 고백이다. 예수님은 자신을 두고 생명의 떡이며 참된 음료라고 말씀하신다. 인간은 다른 존재의 생명을 취해 먹어야만 살 수 있다. 우리는 식물을 먹고 고기를 먹는다. 그것은 영혼도 마찬가지이다. 그래서 주님은 오늘도 당신의 몸을 양식으로 주어 우리를 먹여 살리신다.

선 한 목 자 십 자 가

나는 선한 목자다

나는 선한 목자라
나는 내 양을 알고 양도 나를 아는 것이
아버지께서 나를 아시고 내가 아버지를 아는 것 같으니
나는 양을 위하여 목숨을 버리노라
(요한복음 10:14-15)

남국의 정취가 물씬 풍기는 에콰도르의 '분트 십자가'이다. 독일어 '분트(bunt)'는 '알록달록한' 또는 '가지각색의'라는 뜻으로 주로 남아메리카, 그 중에서도 카리브 해 연안에 위치한 나라들의 전통 십자가를 뜻한다. 십자가 가운데 있는 선한 목자가 원주민 여성인 점이 이채롭다. 지팡이를 짚고 나선 그녀의 뒷모습은 내가 앞장설 테니 너는 안심하고 따라오라고 말하는 것 같다. 나를 알고, 나보다 앞서 길을 내고, 나를 위해 목숨을 내어놓는 선한 목자가 있으니, 나는 행복한 양이다.

생명나무 십자가

나는 포도나무요, 너희는 가지다

**나는 포도나무요 너희는 가지라
그가 내 안에, 내가 그 안에 거하면 사람이 열매를 많이 맺나니
나를 떠나서는 너희가 아무 것도 할 수 없음이라**
(요한복음 15:5)

생명나무 십자가는 아르메니아(Armenia) 정교회의 전통이다. 중앙아시아의 아르메니아는 구약의 에덴 동산이 있었던 곳이라는 전설이 내려온다. 그래서 아르메니아 정교회는 에덴의 생명나무를 자신들의 상징으로 삼았다. 그러나 진정한 생명은 에덴의 생명나무에 있는 것이 아니라, 예수님 안에 있다. 그는 우리의 나무요, 우리는 그의 열매다. 주님은 말씀하신다. 너와 나는 하나라고! 그것이 나와 너의 행복이라고! 예수 그리스도는 우리의 생명이다.

고백 십자가

Ich glaube an Gott, den Vater, den Allmächtigen, den Schöpfer des Himmels und der Erde, und an Jesus Christus, seinen eingeborenen Sohn, unsern Herrn, empfangen durch den Heiligen Geist, geboren von der Jungfrau Maria, gelitten unter Pontius Pilatus, gekreuzigt, gestorben und begraben, hinabgestiegen in das Reich des Todes, am dritten Tage auferstanden von den Toten, aufgefahren in den Himmel, er sitzt zur Rechten Gottes, des allmächtigen Vaters, von dort wird er kommen zu richten die Lebenden und die Toten. Ich glaube an den Heiligen Geist, die heilige katholische Kirche, Gemeinschaft der Heiligen, Vergebung der Sünden, Auferstehung der Toten und das ewige Leben. Amen.

예수 그리스도, 하나님의 아들

시몬 베드로가 대답하여 이르되
주는 그리스도시요
살아 계신 하나님의 아들이시니이다
(마태복음 16:15)

왁스로 만든 독일 십자가이다. 십자가에 달린 예수님은 고개를 축 늘어뜨리고 있고 그 배경으로 독일어 사도신경이 새겨져 있다. 수난 전, 예수님은 제자들에게 자신을 누구라 생각하느냐고 물으셨다. 이때 베드로가 그 유명한 신앙고백을 한다. 하지만 베드로는 자신의 신앙고백의 중심에 십자가가 있어야 함을 몰랐다. 어쩌면 우리의 신앙고백에도 십자가의 자리가 없을지 모른다. 고백 십자가의 예수님이 사도신경의 중심에 자리 잡고 있는 것은 아마도 그 때문일 것이다.

이콘 십자가

호산나, 우리의 구원자!

**큰 소리로 하나님을 찬양하여 이르되
찬송하리로다 주의 이름으로 오시는 왕이여
하늘에는 평화요 가장 높은 곳에는 영광이로다 하니**
(누가복음 19:37하-38)

독일의 성화 예술가인 안드레아 펠거(Andreas Felger)의 현대판 십자가 이콘이다. 십자가 가운데의 금색 아우라는 그리스도를 표현한 휘광이다. 예수님이 예루살렘에 입성하실 때, 사람들은 '호산나'를 외치며 환영했다. 그들은 어린 나귀를 타고 오시는 주님의 길에 자신들의 겉옷을 벗어 깔고 종려나무 가지를 흔들었다. 그러나 주님은 예루살렘의 멸망을 예언하셨고, 성전의 장사꾼들을 내쫓으셨다. 그들은 영광을 외쳤지만, 주님은 이 땅의 죄를 보고 우셨다. 예수님은 힘이 아니라 사랑으로, 왕이 아니라 십자가로 우리를 구원하기 위해 오셨다.

Essay

예수 사랑

필리핀 마닐라 침례교회 앞에는 이런 글귀가 쓰여 있다고 한다. "예수는 대답이다." 지나가는 젊은이들이 서로 얼굴을 쳐다보면서 킬킬거린다. "우리가 뭘 물었는데?"

사람들은 묻지 않는다. 물음이 없는 까닭은 정답이 너무나 뻔하기 때문이다. 이제 교회는 속내를 너무 많이 드러내 보여서 호기심을 불러일으키지 못한다. 게다가 우후죽순처럼 생겨난 교회들의 사역은 세상의 경쟁 방식과 별로 다르지 않아 차별성마저 없어졌다.

그럼에도 교회는 교회 안에서만 묻고 또 대답한다. 사회적으로는 침묵하고 있다. 그것이 오늘 우리의 병이다. 사람들이 보기에 교회는 세상 속에 존재하지 않는 딴 세상처럼 보인다. 교회 안에서도 세상 걱정으로 가득하고, 기도 속에도 온갖 현실에 대한 관심이 넘치지만 그것은 세상을 바꾸는 에너지가 되지 못한다. 모든 세상잡사를 하나님께만 맡길 뿐 교회와 교인들은 그 책임을 방기한 지 오래다.

무엇에 분주한지 교회 안팎은 요란하지만, 세상 사람들의 기대도 관심도 눈길도 끌지 못한 채 딴 세상 이야기 거리가 되어 버리고 말았다. 사람들은 말한다. 우리는 예수는 좋아하지만, 교회는 싫어한다.

그러하기에 오늘의 교회 안에 "예수가 없다", "예수의 삶이 없다", "예수의 십자가가 없다"는 등 자성의 목소리가 다양하다. 신앙고백은 넘치고, 프로그램은 많은데 예수가 없다니? 부활 없는 십자가가 허망한 것처럼 예수 없는 교회는 얼마나 허망한가!

오늘 우리에게 예수님은 누구신가?

초대교회의 박해현장인 로마의 카타콤을 방문한 적이 있다. 지하 묘지의 벽에서 닻과 물고기 낙서들을 보았다. 닻과 물고기는 초대교회 그리스도인들의 암호였다. 박해시절, 그들은 감시와 눈총을 피하기 위해 그 상징들을 사용했다. 물고기와 닻은 소망의 메시지를 담고 있다.

라틴 교회에서는 예수님을 물고기로 표현하였다. 복음서에서 사용된 물고기를 가리키는 헬라어 '익투스($IX\Theta Y\Sigma$)'는 '예수 그리스도는 하나님의 아들 구세주($I\eta\sigma ou\varsigma\ X\rho\iota\sigma\tau o\varsigma\ \Theta\varepsilon ou\ Y\iota o\varsigma\ \Sigma\omega\tau\eta\rho$)'라는 신앙

고백의 다섯 머리글자로 이루어져 있다.
지하 묘지에 새겨진 크고 작은 물고기들은 죽음과 맞바꿀 만큼 철저한 신앙의지를 가리키는 중이다. 그들은 죽음의 위협 속에서도 결코 예수님을 바라보는 신앙을 배반하지 않았다. 그들의 예수와 오늘 우리의 예수는 같은 분이다.

"우리 주 예수 그리스도의 아버지 하나님을 찬송하리로다 그의 많으신 긍휼대로 예수 그리스도를 죽은 자 가운데서 부활하게 하심으로 말미암아 우리를 거듭나게 하사 산 소망이 있게 하시며"(베드로전서 1:3).

독일어에 '데어 퓌러(der Führer)'라는 말이 있다. 이 말은 총통, 지도자로 번역되는 아주 평범한 독일어이다. 1930년대 초에 나치 국가는 히틀러를 '데어 퓌러'라고 부르도록 하였다. 그들은 이 세상에는 오직 하나의 총통만이 있을 뿐이라고 주장했다.
그러나 소수의 고백교회 그리스도인들은 오직 예수를 가리켜 '데어 퓌러'라고 불렀다. 그들이 예수 그리스도만을 '데어 퓌러'라고 부른 이유는 분명했다.

"우리의 지도자는 예수 그리스도지, 히틀러가 아니다!"

오직 예수만이 우리의 총통이고 우리의 지도자이다. 그들이 국가교회, 체제의 교회를 거부하고 희생을 각오할 수 있었던 것은 그들 자신의 신앙 정체성이 분명했기 때문이다. 예수 이해가 확실했기 때문이었다.

"예수 그리스도만이 나의 주님이시다!"

우리는 얼마나 예수 그리스도를 사랑하는가?

『길 없는 길』이란 책이 있다. 경허라는 스님에 대한 이야기이다. 그를 따르는 제자의 수행 모습이 아름답다.

> "경허는 낮이나 밤이나 그 어디에서나 심지어 꿈속에서도 내 마음을 지배하는 화두였다. 경허는 내가 먹는 밥, 꿈, 보는 사물, 입는 옷, 내 머릿속에 끊임없이 떠오르는 생각이었다. 나는 한 순간도 경허를 잊어본 일이 없다. …… 경허가 길을 떠나면 나도 떠났다. 나는 경허의 그림자였고 경허 또한 나의 그림자였다."

어느 그리스도인이 이 글에 경허 대신 예수를 넣어 읽어 보았다. 그는 단 한 줄도 읽을 수 없었다.

"예수는 낮이나 밤이나 그 어디에서나 심지어 꿈속에서도 내 마음을 지배하는 화두였다. 예수는 내가 먹는 밥, 예수는 내가 꾸는 꿈, 예수는 내가 보는 사물, 예수는 내가 입는 옷, 예수는 내 머릿속에 끊임없이 떠오르는 생각이었다. 나는 한 순간도 예수를 잊어본 일이 없다. 나는 예수의 입을 빌려 말을 하고, 예수의 눈을 빌려 보았고, 예수의 손을 빌려 만지고, 예수의 마음을 빌려 생각하였으며, 예수의 잠을 빌려 꿈을 꾸었다. 예수가 웃으면 나도 웃었고 예수가 울면 나도 울고…… 예수가 길을 떠나면 나도 떠났다. 나는 예수의 그림자였고 예수 또한 나의 그림자였다."

생각해 보자. 밤낮 입버릇처럼 예수를 말하고, 사랑한다면서도 내게 이런 치열함이나, 적극적인 바람이 있던가?
예수만 생각하면 눈물이 나던가? 늘 예수에 대해 말하고, 공부하고, 손

가락으로 가리키지만 참되게 바라보지 못했던 자신이 부끄럽다.

우리 시대를 가리켜 탈중심과 해체의 시대라고 한다. 모든 중심이 해체되는 시대 속에서 신앙도 그 중심을 잃는 경향이 있다. 그러나 우리는 내 삶의 튼튼한 중심으로 예수 그리스도를 모시기를 주저하지 말아야 한다. 예수님은 스스로 중심을 해체하고, 변두리로, 낮은 곳으로, 소외와 곤궁과 비참의 자리로 자신을 이동해 온 분이시기 때문이다.

에로스는 올라가는 사랑이지만, 아가페는 내려오는 사랑이다.

에로스는 움켜쥐려는 욕망이지만, 아가페는 자신을 내어 던진다.

예수님은 다른 사람을 위해 자신을 온전히 비우셨다.

그래서 우리의 주님이 되셨다.

예수님은 우리 곁에 맨발로 찾아오신 분이다. 그리고 우리의 발을 씻어 주신다. 더럽고, 냄새나며, 상처 입은 우리들의 부끄러운 맨발을 손수 씻어 주신다. 그 허물 많은 삶을 고치시고, 위로하시고, 만져 주신다.

우리들의 지질대로 시친 영혼에 생기를 불어넣어 주신다. 그리스도를 닮는 일은 그런 주님을 만나고, 사랑하는 일부터 시작하는 것이다. 섬김을 배우는 동안, 스스로 종이 되신 큰 사랑을 배우게 될 것이다.

예수님을 바라보라. 주님을 닮아가는 일, 주님을 배우는 일, 주님을 믿는 일은 어렵지만 우리는 주님을 사랑할 수 있다.

그리스도교 신앙고백의 대표적인 상징이 된 물고기가 현대판으로 다시 등장하였다. 한때 물고기 엠블럼을 자동차 뒤에 붙이고 다니는 사람이 많았다. 자동차 뒤에 붙인 물고기 엠블럼은 물질문명의 우상들 틈을 헤집고 다니며 새로운 삶을 증거하는 거리의 전도자처럼 보였다. 그러나 어느새 사라져 지금은 거의 찾아보기 어렵다.

나 역시 한동안 차를 몰고 다니는 사람들에게 물고기 엠블럼을 선물하면서 붙이라고 권하였다. 그들은 내 권유에 주저하면서, 자동차 뒤에 물고기 엠블럼을 붙이는 것은 쉽지만, 운전습관을 바꾸는 것은 너무 어렵다고 실토하곤 했다.

그렇다. 물고기만 자동차 뒤에 붙인다고 그리스도인다운 운전자가 되는 것은 아니다. 그의 운전습관을 바꾸고 고쳐야 하는 것은 자명한 이치이다. 믿음의 길도 마찬가지다.

예수님께서 하신 말씀은 인간의 내면을 향하고, 동시에 세상을 향하였다. 사람의 정신과 세상의 구조를 뒤집을 모순과 역설로 가득하다. 당시 세계의 축이고 고정관념인 율법을 비난하면서도 오히려 더욱 완전해질 것을 요구하였다.

지금 지나치게 현실에 순응하면서 세상과 타협한 교회와 복음은, 그 결과 세상의 그럴듯한 일부분은 되었을지언정 세상에서 씨앗도, 밀알도, 소금도 되지 못하고 있다. 물음이 막힌다.

도대체 내가 믿는 예수 그리스도는 누구인가?

우리 교회는 무엇인가?

물음을 만드는 교회, 물음을 던지는 교회, 그래서 세상으로 하여금 교회의 존재와 의미 그리고 사람들에 대해 묻게 하는 교회, 우리 시대의 교회는 그런 물음과 시대의 상징으로 예수 그리스도를 증거해야 한다.

고난 십자가
20년째 태백 탄광촌에서 활동해 온 황재형 화백이 빚은 타우 십자가이다. 화단의 인정을 받던 젊은 화가가 갑자기 도시를 떠나 태백으로 들어갔다. 그는 그곳에서 광부로 살면서 광산촌의 삶과 풍경을 그렸다. 인생의 고통조차 삶의 일부로 받아들였기 때문일까. 거칠고 상처투성이인 온몸에 광부의 힘든 삶이 스며 있음에도, 십자가의 예수님은 오히려 담담하다.

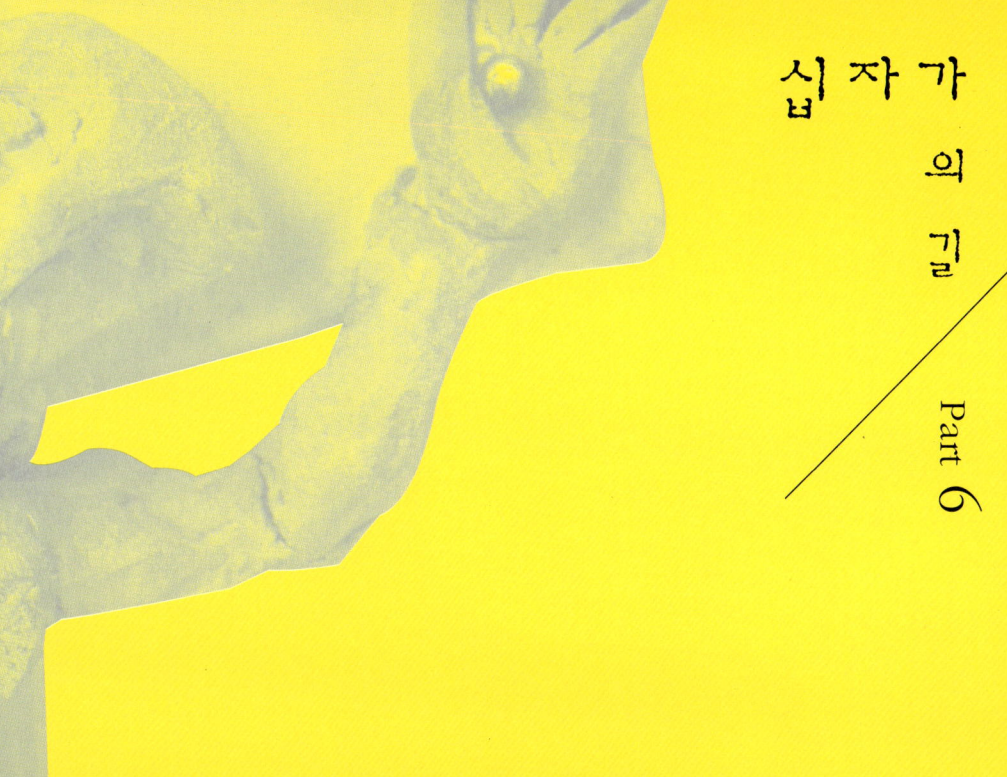

십자가의 길

Part 6

나눔 십자가

받아먹으라, 이것은 내 몸이다

또 떡을 가져 감사 기도 하시고 떼어 그들에게 주시며 이르시되
이것은 너희를 위하여 주는 내 몸이라
너희가 이를 행하여 나를 기념하라 하시고
(누가복음 22:19)

성찬을 기념하는 십자가이다. 가운데 있는 어린 양은 예수님을 상징한다. 예수님과 열두 제자는 유월절을 예비하는 만찬을 들었다. 주님은 떡과 잔을 들어 축복하신 후 제자들에게 나누어 주시며 성찬을 제정하셨다. 그 중에는 배신자도 있었고, 도망자도 있었고, 의심이 많은 자도 있었지만 예수님은 그들 모두를 벗이라고 부르셨다. 그리고 당신의 살과 피를 나누어 주셨다. 그래서 성찬의 본질은 사랑이다. "우리는 한 빵을 나누고 한 몸을 이룹니다."

섬김 십자가

서로 사랑하라

새 계명을 너희에게 주노니 서로 사랑하라
내가 너희를 사랑한 것 같이 너희도 서로 사랑하라
(요한복음 13:34)

예수님의 세족식을 연상시키는 깨진 타일조각으로 만든 십자가이다. 마지막 밤, 예수님은 자신보다 제자들의 영혼을 더 걱정하셨다. 주님은 그들이 자신을 버릴 것을 이미 알고 계셨다. 그래서 그들의 발을 씻어주면서 당부하셨다. '나는 너희를 위해 죽을 것이고, 영원히 사랑할 것이다. 그러니 너희도 서로 사랑해라!' 예수님의 용서와 사랑은 깨진 타일조각처럼 부서졌던 제자들을 다시 모았다. 그들이 십자가로 거듭났을 때, 그들의 상처는 아름다운 무늬가 되었다.

회개 십자가

네가 나를 세 번 부인하리라

그가 저주하며 맹세하여 이르되
나는 그 사람을 알지 못하노라 하니 곧 닭이 울더라
이에 베드로가 예수의 말씀에
닭 울기 전에 네가 세 번 나를 부인하리라
하심이 생각나서 밖에 나가서 심히 통곡하니라
(마태복음 26:74-75)

닭을 그린 분트 십자가이다. '계명성 십자가'로도 불린다. 닭은 베드로의 회개를 상징하는 것으로, 지금도 유럽의 교회 첨탑에서 흔히 볼 수 있다. 닭이 울 때마다 베드로는 그날 밤을 떠올렸을 것이다. 그는 평생 주님을 배신한 자신과 그 모습을 지켜보던 주님의 눈빛을 잊을 수 없었을 것이다. 닭이 우는 소리에 베드로는 참된 죄인이 되었고, 십자가를 지게 되었다. 통곡하던 그의 등 뒤로 계명성이 떠오르던 그 순간, 비로소 모든 것이 거듭나는 새벽이 시작되고 있었다.

평화 십자가

저들을 불쌍히 여기소서

**해골이라 하는 곳에 이르러 거기서 예수를 십자가에 못 박고
두 행악자도 그렇게 하니 하나는 우편에, 하나는 좌편에 있더라
이에 예수께서 이르시되
아버지 저들을 사하여 주옵소서
자기들이 하는 것을 알지 못함이니이다 하시더라**
(누가복음 23:33-34상)

총알의 탄피로 만든 작은 십자가이다. 살을 파고드는 탄피의 윗부분을 자르고 펼쳐서 십자가를 세웠다. 반전(反戰)과 평화의 메시지를 강하게 전하고 있다. 예수님이 십자가를 지고 골고다에 이르자 형이 집행되었다. 그의 머리에는 가시관이 씌워졌고, 양손과 양발은 못 박혔다. 골고다 언덕에서 십자가에 매달려 죽어가는 예수님에게 사람들은 조롱을 퍼부었다. 그러나 주님은 그들을 대신하여 하늘 아버지께 용서를 비셨다. 예수님의 무기는 총과 칼이 아니라 십자가, 바로 사랑이었다.

아픔 십자가

엘리 엘리 라마 사박다니

**제구시에 예수께서 크게 소리 지르시되
엘리 엘리 라마 사박다니 하시니 이를 번역하면
나의 하나님, 나의 하나님 어찌하여 나를 버리셨나이까 하는 뜻이라**
(마가복음 15:34)

■

1977년 이탈리아에서 제작된 철제 십자가이다. 자코메티(Alberto Giacometti)의 조각처럼 앙상하고 거칠다. 십자가에 못 박힌 예수님의 고통과 외로움이 실감나게 표현된 작품이다. 복음서는 예수 그리스도가 인간으로서 겪을 수 있는 죽음의 고통을 모두 겪었다고 증언한다. 주님은 피 흘리며 목말라 했고, 홀로 남을 어머니를 염려하고, 하나님 아버지를 부르며 울부짖었지만 결코 십자가를 피하지 않았다. 그리스도는 피와 살이 말라붙어 뼈대만 남은 모습으로 십자가에 달려 죽어갔다.

웃음 십자가

다 이루었다

**예수께서 신 포도주를 받으신 후에 이르시되
다 이루었다 하시고 머리를 숙이니
영혼이 떠나가시니라**
(요한복음 19:30)

전통적인 방식으로 채색한 십자고상이다. 고요하고 처연하다. 이제 모든 것이 끝났다. 주님은 미소를 지은 채, 눈을 감으셨다. 역설적이지만 전무(全無)한 상태로 텅 빈 채, 십자가에 매달려 있는 예수님의 모습에서 우리는 평화를 느낀다. 참된 평화는 십자가가 없는 상태가 아니라, 바로 여기, 십자가에 달린 주님 안에 있는 것이다. 그것은 전적으로 하나님께 모든 것을 맡긴 자만이 누릴 수 있는 것이기 때문이다. 그래서 십자가의 끝은 죽음이 아니라 '안식'이다.

환희 십자가

그는 하나님의 아들이었습니다

**이에 성소 휘장이 위로부터 아래까지 찢어져 둘이 되니라
예수를 향하여 섰던 백부장이 그렇게 숨지심을 보고 이르되
이 사람은 진실로 하나님의 아들이었도다 하더라**
(마가복음 15:38-39)

만세를 부르고 있는 형상의 십자가이다. 전체를 채운 붉은 색은 주님의 보혈을 뜻한다. 십자가의 중심으로부터 온 우주로 퍼져나가는 환호성이 들리는 듯하다. 예수님이 운명하시자 성전 지성소의 장막이 위에서부터 아래로 찢어졌다. 죄로 인해 하나님과 인간 사이의 막힌 담을 십자가가 무너뜨린 것이다. 이제 우리는 하나님과 진정한 화해를 이룰 수 있게 되었다. 로마 백부장의 고백처럼, 하나님의 아들은 당신의 죽음으로 마침내 온 생명의 평화를 이루셨다. 그는 평화의 왕이 되셨다.

Essay
십자가를 자랑하라

25년 전, 첫 목회지에서 교회를 개척하면서 맨 먼저 한 일이 교회 뒷산인 문수산 기슭에 올라가 나무 십자가를 만든 것이었다. 그 십자가는 개척교회의 비좁은 예배당에 걸기에는 너무 커서 강대상 뒤에 세워 놓을 수밖에 없었다. 동네 아이들이 한 주간에 열 명씩 새로 나오면서 예배당이 좁아졌다. 마침내 강대상이 점점 뒤로 밀려 어느 날 강대상 뒤에 세워놓은 십자가가 내 등에 닿았다. 십자가를 짊어진 형국으로 설교를 하는데 그 십자가가 얼마나 무겁게 느껴지던지……. 돌아보면 그 시절, 나는 당장이라도 십자가에 매달릴 것처럼 열심히 살았다.

십자가를 수집하기 시작한 것은 1994년부터였다. 그로부터 10년이 지나 2005년 사순절에 '세계의 십자가 전(展)'을 처음 열었다. 그리고 지금까지 13차례 전시회를 했다. 그때마다 사람들이 십자가를 얼마나 사랑하는지 새롭게 느낄 수 있었다.

첫 전시회 때, 인터넷 포털 사이트 〈다음〉 메인 화면에 며칠 떴다. 기자들에게 제공한 십자가 사진 10점이 반복하여 소개되었다. 댓글이 엄청나게 달렸다. 댓글을 읽어보고 나는 크게 흥분도 하고, 또 적잖이 실망도 했다. 절반은 "대단해요!", "십자가가 이렇게 아름다운 줄 몰랐어요." 라는 등의 감탄사인데, 나머지 절반쯤은 그리스도교, 그 중에서도 개신교에 대한 힐난과 트집이었다.

그때 배웠고, 또 깨달았다. 사람들은 그리스도인들을 통해 십자가를 보고 있다는 것을. 우리는 십자가만 자랑할 것이 아니라, 진실한 십자가의 길을 가는 교회, 십자가를 짊어지려는 우리 자신의 모습도 자랑해야 할 것이다.

십자가를 믿는다는 것은 "오직 내 안에 그리스도께서 사시는 것이라"(갈라디아서 2:20)는 믿음이다. 그리스도교 복음의 핵심은 '예수님의 십자가' 이다. 예수님의 십자가는 수치가 아니라 자랑거리요 사랑의 대상이다.

성경은 우리가 믿고 고백하는 예수님이 십자가에 달려 죽으셨다고 말한다. 또한 예수님은 "누구든지 자기 십자가를 지고 나를 따르지 않는 자도 능히 내 제자가 되지 못하리라"(누가복음 14:27)고 말씀하셨다.
과연 십자가가 질만한 것인가? 십자가 처형 장면을 생각해 보자. 십자가형은 항상 다른 사람에게 경고를 주기 위해 공개적으로 시행되었다. 그래서 많은 사람들은 예수의 십자가형을 분명히 목격할 수 있었다. 그들은 역설적으로나마 '십자가의 증인'이 되었다.
가로대를 지고, 채찍을 맞고, 그리고 십자가에 매달렸다. 죄수의 팔은 십자가의 양 기둥에 뻗쳐 손에다 못을 박았다. 발은 못을 박지 않고 십자가 기둥에다 묶었다. 십자가의 중간 부분에는 '안장'이라고 불리는 나무 조각(발판)이 있는데, 죄수의 중량을 지탱하기 위한 것이었다. 안장이 없으면 못 박힌 양손이 찢어지면서 몸이 아래로 떨어지기 때문이었다. 그렇게 한 다음 십자가를 일으켜서 땅에 판 구멍에 세운다.
십자가 처형의 진정한 무서움은 그 다음의 일이었다. 살이 찢어지는 고통에도 죄수의 숨은 끊어지지 않는다. 그는 엄청난 고통을 받으면서 정오의 태양과 밤의 추위 속에 그대로 방치되어 굶주림과 갈증으로 죽게 된다. 완전히 숨이 끊어질 때까지는 거의 일주일씩 시간이 걸렸다. 많은 죄수들이 고통을 견디다 못해 미친 듯이 헛소리를 하면서 죽어갔다.
프랑스 알자스 지방의 꼴마에 그뤼네발트가 그린 〈이젠하임 제단화〉가 있다. 이 작품은 예수 그리스도의 고통을 가장 극단적으로 표현한 것이다. 예수의 두 손과 발에만 못이 박힌 것이 아니라, 온 몸에 못이 박히고, 가시가 박혀 있다. 거뭇거뭇 보이는 온몸은 온통 못과 가시 자국이다.

그뤼네발트, 이젠하임 제단화 : 십자가 처형 부분(1515)

이 그림이 그려질 당시 유럽은 페스트가 창궐하여 인구의 삼분의 일이 희생되었다. 전 유럽을 죽음의 그림자가 덮었을 때, 사람들은 십자가의 고통을 어느 때보다 깊이 이해할 수 있었다. 이젠하임의 제단화는 바로 그들 자신의 고통을 십자가에 반영한 것이다. 그림을 통해 그들은 자신들과 함께 아파하시는 하나님을 고백했다.

우리는 십자가에 참여한다. 종종 십자가 아래에 서 있기도 한다. 그것은 우리의 정체성을 증거한다. 사실 예수님은 믿어도 되고 믿지 않아도 되는 분이 아니다.

십자가는 하나님의 지극하신 사랑의 증표이다. '어메이징 그레이스 (Amazing Grace)' 이다. 예수님의 십자가를 사랑하고 자랑하는 이유는 거기에만 구원이 있기 때문이다. 인간을 사랑하시는 하나님의 가장 특별한 계획과 비밀이 담겨 있기 때문이다.

세상에 이런 신이 어디 있는가? 자기 백성을 구원하기 위해 자기 아들, 자기 자신을 십자가에 못 박는 신이 어디 있는가?

우리는 이러한 십자가에 참여하도록 부름 받았다. 사도 바울은 모든 것을 잃어 버리는 한이 있더라도 십자가를 붙들라고 강권한다. 거기에 무한한 사랑과 자비가 있기 때문이다. 십자가는 인류를 하나되게 하는 강력한 힘이다. 십자가는 죄인 된 인간과 심판의 하나님 사이에 세워진 영원한 화목제물이다.

17C 네덜란드의 화가인 렘브란트는 50여점의 자화상을 그린 것으로 유명하다. 또한 그는 성경의 이야기를 많은 작품으로 남겼다. 스데반의 죽음, 돌아온 탕자, 예수님의 재판, 십자가 처형 등. 흥미로운 것은 렘브란트가 모든 그림에 자신을 구경꾼으로 그려넣었다는 사실이다. 그는 돌을 던지는 유대인, 돌아온 아들을 지켜보는 이, 그리고 십자가에 못 박으라고 외치는 군중 속에 있었다.

그가 고백하려는 것은 이것이다.

"나도 거기 있었어요!"

예수님의 십자가 고통을 가장 깊이 느낄 수 있는 곳은 바로 '십자가 아래'이다. 사실 우리도 자주 렘브란트와 함께 그 자리에 서 있다. 그리스도인들이 십자가를 바라보는 것은 바로 고난과 영광의 모순과 역설이 우리에게 은혜가 되기 때문이다.

십자가 앞에서 우리는 어쩔 수 없이 죄인이다. 누구도 스스로 의인이라고 주장할 수 없게 만드는 것이 십자가이다.

헨리 나우웬은 『상처입은 치유자』라는 책을 썼다. 예수님은 우리의 평화를 위하여 징계를 받았고, 우리의 회복을 위하여 채찍에 맞았던 것이다. 우리가 하나님 앞에 설 때 가장 영광스러운 이름은 '상처입은 치유자' 이다. 아픈 자와 고독한 자와 가난한 자와 억압받는 자의 치유자가 되기 위해서는 상처받을 각오를 해야 한다. 그러한 상처야말로 영광의 훈장이다.

십자가 아래 서 있는 자, 곧 그리스도인은 '상처입은 치유자' 로 부르심을 받았다. 예수님은 자신의 피를 온통 다 쏟으며 증명하셨다. 십자가에 달려서도 변치 않은 사랑으로 우리의 약함을 감싼 것이다. 우리는 단 하나뿐인 생명으로 증거하신 이 사랑을 믿는다.

어느 누구도 예수님께서 피로 증언한 사랑에서 동떨어져 있지 않다. 우리의 죄와 약함으로 인한 배신에도 하나님께서는 끝내 돌아서지 않으셨다. 우리는 하나님이 우리를 죄 없는 자로 믿어 주시는 힘, 나를 변함없이 사랑해 주시는 힘으로 산다.

 우리는 그리스도인으로서 '자기 십자가' 를 찾고, 고백하고, 묵상해야 한다. 그 십자가는 내 연약함 때문에 걸림돌이 되지만, 믿음으로 사는 동안 삶의 디딤돌이 된다.

"나도 거기 있었어요."

십자가를 자랑하라!

내 옛 사람을 지워버린 그 십자가를, 나를 새 사람으로 살게 하신 그 십자가를! 주님께서 우리에게 요구하시는 것은 골고다의 십자가가 아니다. 날마다 죽음으로써 다시 사는 '믿음의 원리'요, '새로운 삶의 방식'이다. 그래서 누가복음은 "날마다"를 강조하고 있다.

> "아무든지 나를 따라오려거든 자기를 부인하고 날마다 제 십자가를 지고 나를 따를 것이니라"(누가복음 9:23).

십자가는 어쩌다 한번 지고 마는 것이 아니라 "날마다" 반복해서 행해야 할 새로운 삶의 방식인 것이다.

파스카(Pascha) 십자가

예수님의 수난과 부활의 다섯 장면을 돌에 부조한 후 색을 입혔다. 파스카, 즉 유월절 십자가라고 부른다. 그리스도교는 초대교회 시대부터 신앙의 메시지를 상징과 그림으로 표현하였다. 성경의 메시지를 누구에게나 쉽게 전하기 위해 그림 이야기 형태로 소개하면서 조각, 이콘, 스테인드글라스 등이 발전하였다. 파스카 십자가 역시 그 중 하나이다.

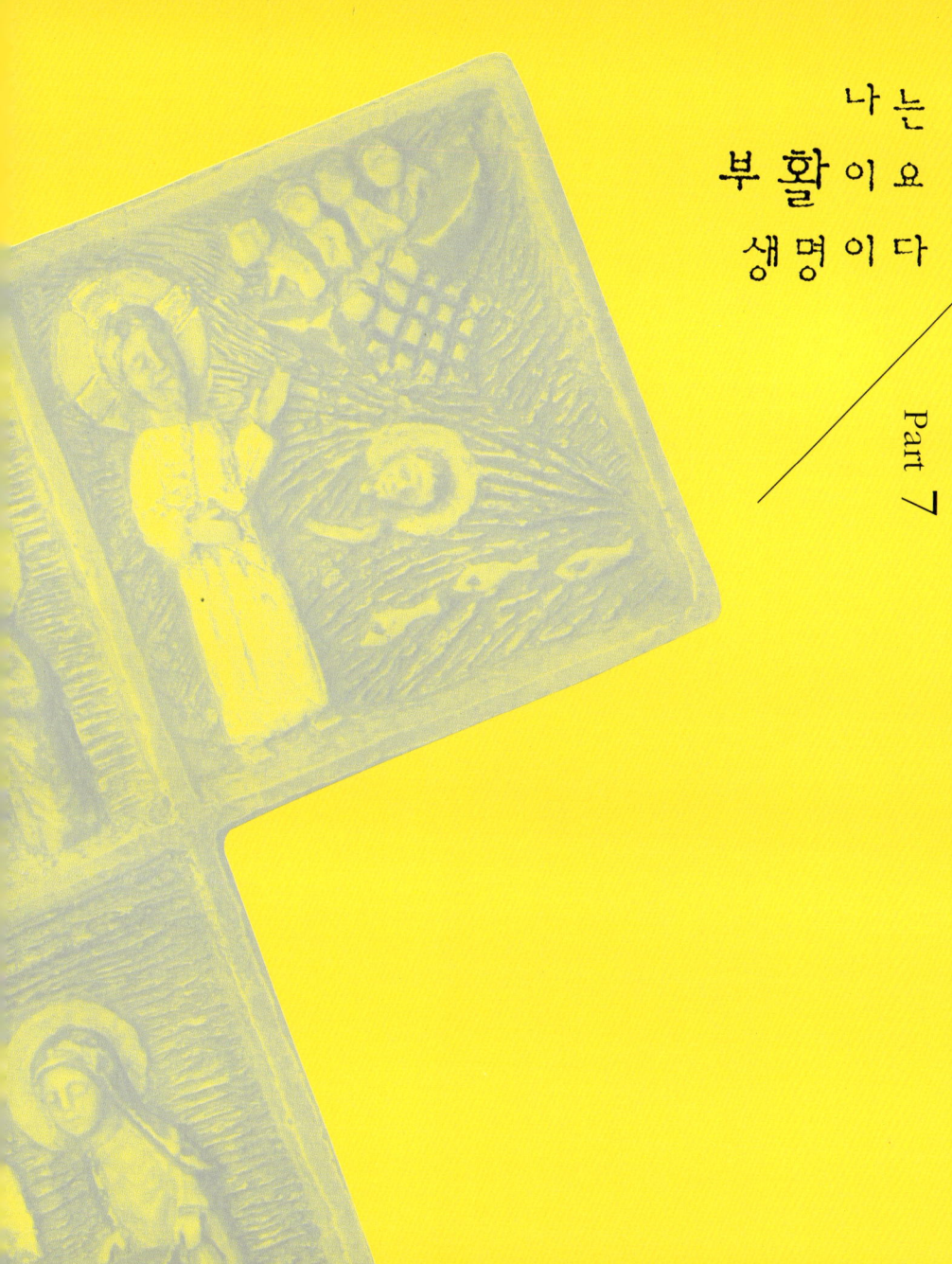

나는
부활이요
생명이다

Part 7

심장 십자가

그가 살아나셨다

너희는 무서워하지 말라
십자가에 못 박히신 예수를 너희가 찾는 줄을 내가 아노라
그가 여기 계시지 않고 그가 말씀 하시던 대로 살아나셨느니라
와서 그가 누우셨던 곳을 보라
(마태복음 28:5하-6)

십자가 한 가운데 심장이 자리 잡고 있다. 십자가 가운데에 구멍을 뚫거나, 보석으로 장식하거나, 심장으로 표현한 것은 빈 무덤, 즉 부활을 의미한다. 사랑을 의미하는 심장 모양으로 표현한 것은 십자가와 부활사건이야말로 은혜의 결정이요, 사랑의 극치이기 때문일 것이다. 우리들의 심장은 텅 비었을 때, 가장 희생적이 된다. 새벽 미명 빈 무덤 앞에서 주님의 시신을 찾아 눈물 흘리던 여인들의 심장도 그랬을 것이다. 그렇게 그녀들은 부활의 첫 증인이 되었다.

상처 십자가

내 상처를 만져 보아라

도마가 대답하여 이르되
나의 주님이시요 나의 하나님이시니이다
예수께서 이르시되 너는 나를 본 고로 믿느냐
보지 못하고 믿는 자들은 복되도다 하시니라
(요한복음 20:28-29)

태백산의 다릅나무로 만든 십자가이다. 다섯 개의 동그라미는 흔히 '오상(五傷)'이라 불리는 그리스도의 거룩한 상처의 흔적이다. 제자 도마는 주님의 부활을 믿지 않았다. 그는 주님의 상처를 직접 보지 않는 한 믿을 수 없다고 맹세하였다. 믿음 없는 그를 위해 주님은 손과 발의 상처와 창 자국을 보이셨다. 오늘도 주님은 부활을 믿지 못하는 우리를 위해 당신의 상처를 활짝 열고 두 팔을 벌리신다. 예수님의 상처는 그렇게 우리들의 상처가 되고, 부활의 증거가 된다.

순례 십자가

그들과 나란히 걸어가셨다

**그들이 서로 말하되
길에서 우리에게 말씀하시고
우리에게 성경을 풀어 주실 때에
우리 속에서 마음이 뜨겁지 아니하더냐 하고**
(누가복음 24:32)

순례지로 유명한 스페인의 북부, 산티아고에는 사도 야고보의 묘지가 있다. 전설에 따르면 그는 예루살렘에서 스페인까지 순례를 하며 복음을 전했고, 그곳에 묻혔다고 한다. 그의 관을 뒤덮었던 조개는 순례자의 상징이 되었다. 엠마오로 가는 두 제자는 길에서 주님을 만났고, 이야기를 나누며 함께 걸었다. 마침내 부활한 주님을 알아본 후, 그들은 가던 길을 돌아서서 다시 예루살렘으로 향한다. 순례란 이처럼 일상 속에서 부활한 주님과 함께 새로운 길을 가는 것이다. 그래서 순례는 그리스도인의 축제다.

위그노 십자가

너희에게 평화를 주노라

**예수께서 또 이르시되
너희에게 평강이 있을지어다
아버지께서 나를 보내신 것 같이 나도 너희를 보내노라**
(요한복음 20:21)

몽생미셸(Mont-Saint-Michael)의 비둘기 십자가이다. 프랑스 종교개혁의 전통을 담고 있으며, 현재는 프랑스 침례교회의 상징으로 쓰이고 있다. 팔복을 뜻하는 8개의 꼭짓점이 있는 말타(Malta) 십자가 아래로 비둘기가 하강하고 있다. 부활 후 주님은 제자들에게 평화를 빌어 주신 후, 그늘을 세상으로 파송하신다. 예수님의 평화는 팔복의 평화였다. 가난한 자가 행복하고, 우는 자들이 위로를 받고, 높은 산이 낮아지는 평화! 그것은 세상이 알 수 없는 신비였기에 주님은 평화와 함께 성령을 주셨다.

호주 원주민 십자가

네가 나를 사랑하느냐

세 번째 이르시되 요한의 아들 시몬아 네가 나를 사랑하느냐 하시니
주께서 세 번째 네가 나를 사랑하느냐 하시므로
베드로가 근심하여 이르되 주님 모든 것을 아시오매
내가 주님을 사랑하는 줄을 주님께서 아시나이다
예수께서 이르시되 내 양을 먹이라

(요한복음 21:17)

문자가 없었던 호주 원주민들은 그림을 표현수단으로 삼았다. 그들의 독특한 예술은 30년 전, 호주 정부가 원주민들을 사막으로 강제이주하면서 세상에 드러나기 시작했다. 새벽 바닷가에서 예수님은 베드로에게 사랑에 대해서만 말씀하셨다. 그 사랑이 베드로의 십자가에 불을 밝혔다. 어둡고 무겁게만 느껴졌던 십자가에 해가 뜨고 꽃이 피고 기쁨이 넘쳤다. 십자가가 사랑이라는 것을 믿게 된 베드로는 주님의 양을 먹이다가 마침내 십자가에서 죽었다. 사랑은 그를 '반석'으로 만들었다.

황금돌 십자가

만민에게 복음을 전하라

**이같이 그리스도가 고난을 받고 제삼일에 죽은 자 가운데서 살아날 것과
또 그의 이름으로 죄 사함을 받게 하는 회개가
예루살렘에서 시작하여 모든 족속에게 전파될 것이 기록되었으니
너희는 이 모든 일의 증인이라**

(누가복음 24:46-48)

예루살렘의 돌은 금색을 띠고 있어서 햇살을 받을 때마다 찬란하게 빛난다. 그래서 고대인들은 예루살렘을 '황금도시'라고 불렀다. 이 십자가는 바로 그 예루살렘의 돌로 만든 것이다. 예수님은 당신의 이름으로 세례를 주고, 예루살렘으로부터 땅 끝까지 복음을 전하라고 명령하셨다. 또한 성령을 약속하셨다. 복음에는 예루살렘과 땅 끝의 경계가 없고, 이스라엘과 이방의 차이가 없다. 예수 그리스도 안에서는 모두가 구원받은 죄인임을 믿는 것, 이것이 선교의 출발이다.

승천 십자가

너희와 항상 함께 하리라

그러므로 너희는 가서 모든 민족을 제자로 삼아
아버지와 아들과 성령의 이름으로 세례를 베풀고
내가 너희에게 분부한 모든 것을 가르쳐 지키게 하라
볼지어다 내가 세상 끝날까지 너희와 항상 있으리라 하시니라
(마태복음 28:19-20)

승천하시는 예수님을 그린 프랑스 십자가이다. 춤을 추시는 듯한 율동미가 아름답다. 십자가는 자유롭다. 예수님은 부활하신 후 40일 동안 제자들과 함께 하시며 하나님 나라를 가르치셨다. 그리고 하늘로 올라가셨다. 주님은 떠나셨지만, 남은 이들은 절망하지 않았다. 십자가 처형으로 주님을 잃었을 때와 달리 그들은 달아나지 않았다. 이제 그들은 주님 없이 주님과 함께 사는 법을 알고 있다. 그것은 내가 사는 것이 아니라 내 안에 있는 주님을 살게 하는 것, 한 사람 한 사람이 작은 예수로 살아가는 것이다. 언제 어디서나 그들은 주님과 함께 할 것이다.

Essay

다시 예루살렘으로

지도자일수록 늘 영적 각성에 대해 이야기한다. 그런데 큰 행사일수록 본질과 핵심은 잊은 채 부수적인 겉치레에 연연하게 되는 일이 많다.

영적 각성이란 무엇일까? 한마디로 다시 부활하신 주님을 만나는 일이다. 내 안에서 다시 그리스도를 경험하는 것이다. 내가 살아가는 길 위에서 다시 주님을 만나는 것이다.

영적 각성을 생각하면 한 폭의 그림이 떠오른다. 바로 렘브란트의 〈엠마오의 그리스도〉이다. 부활하신 예수님과 엠마오로 가는 두 제자가 함께 식사를 하는 장면을 그린 작품이다. 사방에 어둠이 깃들고 식탁에는 잔잔한 붉은 빛이 감돈다. 그리고 부활하신 예수께서 빵을 떼는 순간 제자들은 길에서 함께 동행하던 그분이 부활하신 주님임을 발견한다.

이것은 누가복음 24장의 이야기를 그린 것이다. 엠마오로 가는 두 제자

렘브란트, 엠마오의 그리스도 : 부분(1648)

는 길 위의 존재인 우리 자신의 모습을 표현한 것 같이 느껴진다. 두 길손이 우리의 모습과 너무나 닮았기 때문이다.

그들은 예수님의 십자가 사건에 낙심하여 다시 고향으로, 옛 직업으로, 과거의 생활로 돌아가는 사람들이었다. 그들은 예루살렘을 등진 채, 서쪽으로 지는 햇볕을 어깨에 걸치고 엠마오로 향하는 길손들이었다.

인디안 슈익스는 "남의 이야기를 하려면 그 사람의 신발을 신고 일주일을 걸어 봐야 한다"고 하였다. 우리가 엠마오로 가는 두 제자의 신발을 신고, 그들의 심정이 되어 함께 걸어가면 어떨까? 신발이 커서 질질 끌고 다니건, 발에 꼭 끼어 고통을 느끼던 간에 어떤 경우든 신앙성찰에 도움이 될 것이다.

먼저 그들이 가고 있는 엠마오는 어디인가?

엠마오는 두 사람에게는 잊고 살았던 고향이고, 버려둔 일터이며, 남겨둔 가족과 옛 친구들이 있는 곳이다. 여전히 미련이 남아 있고 인간적 성취감이 가득한 곳일 것이다. 신앙의 눈으로 보면 새 사람을 입기 전 낡은 사고방식으로 가득한 곳이고, "주는 그리스도시요 살아 계신 하나님의 아들이시니이다"(마태복음 16:16)라는 신앙고백이 없었던 곳이다. 거듭 말하자면, 그들은 모든 것을 포기하고 예수를 따르던 길에서 완전히 벗어나 외도(外道)를 하고 있다.

이 말씀을 보면 믿음 없는 두 제자는, 믿음의 성숙도에 있어 조금도 다를 바 없는 오늘의 우리에게 '믿음의 길'을 가르쳐 주고 있다.

엠마오는 여리고로 내려가는 길을 연상케 한다. 성경에서 엠마오는 여리고처럼 예루살렘과 반대되는 개념으로 사용된다. 그곳은 성전을 벗어나고, 신앙의 길을 떠나며, 예수와 등을 돌리는 길목이다.

그들은 길을 가면서 며칠 동안 예루살렘에서 일어난 일에 대하여 서로 얘기를 주고받고 있었다. 이야기의 주인공은 나사렛 예수였다. 두 사람은 입을 모아 예수를 가리켜 행동과 말씀에서 힘 있는 예언자였다고 회고한다. 두 제자는 모든 일을 잘 알고 있었다. 유감스러운 것은 그들의 증언이 신문기사처럼 핏기가 없는, 객관적인 사실만 열거한 무미건조한 이야기였다는 것이다.

두 사람은 얼마 전 예루살렘에서 일어나 모든 사람이 다 알만한, 바로 그 사건에 대하여 이야기를 나누고 있다. 그러나 이야기 속에 자기 내면의 고백은 담고 있지 않았다. 일어난 사실은 누구나 알 수 있다. 그러나 그 속에 담긴 진실을 믿는 사람은 그리 흔치 않다.

엠마오로 가던 두 사람의 약점은 많이 몰랐다는 것에 있지 않다. 그들은 소상히 알고 있었다고 성경은 지적하고 있다. 그들의 치명적인 약점은 그리스도를 가까이 경험했고, 십자가와 부활의 현장에 있었음에도 불구하고 열심이 없었다는 데 있다. 그들은 진실을 몸으로 체험하려 하지 않았고, 뜨거운 가슴으로 감격하지 못했으며, 목숨을 걸고 예수님의 말씀을 사수하지 않았다. 그들의 약점은 우리의 약점과 조금도 다르지 않았다.

두 사람이 엠마오로 걸어가는 도중에 한 남자가 그들에게 다가왔다. 그 나그네는 두 사람에게 다가와서 그들의 동행자가 되었다. 낯선 나그네의 모습을 한 그분은 언제나 외도하는 우리의 길에 이렇게 다가오신다. 물론 두 사람은 부활한 예수님을 알아보지 못했다.

그들은 함께 길을 가면서 예루살렘에서 일어났던 일에 대해 이야기를 나누었다. 특히 예수께서는 성경을 풀어 말씀하시면서 당신에 관한 일을 역사적으로 조망하시고 설명하셨다. 그리고 결론적으로 그들에게 "그리스도가 이런 고난을 받고 자기의 영광에 들어가야 할 것이 아니냐?"라고 질문을 던지셨다.

호기심으로, 그러나 지푸라기라도 잡고 싶은 갈급함으로 듣고 있던 두 제자의 마음이 흔들렸다. 이윽고 엠마오에 이르자 그들은 예수의 손목을 붙잡았다.

> "그들은 '이젠 날도 저물어 저녁이 다 되었으니 여기서 우리와 함께 묵어가십시오.' 하고 붙들었다."(공동번역, 누가복음 24:29)

세 사람이 함께 음식을 나눠 먹을 때에, 비로소 그들의 눈이 열렸다.

> "예수께서 함께 식탁에 앉아 빵을 들어 감사의 기도를 드리신 다음 그것을 떼어 나누어주셨다. 그제서야 그들은 눈이 열려 예수를 알아보았는데 예수의 모습은 이미 사라져서 보이지 않았다."(공동번역, 누가복음 24:30-31)

비로소 그들은 속마음을 고백한다. 그들은 눈앞에서 사라진 예수님을 돌이켜 생각하며, 우리에게 말씀하시고 성경을 풀어 주실 때에 얼마나 마음이 뜨거웠냐고 반문하면서 감격해하였다.

다시 렘브란트의 그림을 생각해 본다. 부활하신 주님이 낙담한 제자들과 식사를 나누는 모습은 참으로 정겹다.

성경은 종종 나누어 먹는 일을 하나의 사건으로 기록하고 있다. 나누어 먹는 일, 손님 대접, 그리고 고난을 당하는 이웃과 나그네를 돌보는 일, 그것은 예수님의 모범을 배울 일이다.

두 제자는 동행한 나그네인 예수님을 자신들의 식탁에 붙잡고 함께 떡을 뗀 직후 눈이 열리는 체험을 했다. 중요한 것은 상대방을 진리의 길에 동행하는 동반자로 인정하고, 함께 떡을 나누며 구원의 행위에 참여할 때, 다시 말해 예수 그리스도의 나눔과 섬김의 길에 동행할 때 우리의 신앙의 눈이 열린다는 사실이다.

그들은 비로소 엠마오로 가는 길에서 동행자요, 성경의 말씀을 들려주던 이, 그리고 마주앉아 함께 떡을 떼는 그 분이 다시 살아나신 예수님이심을 깨달았다. 그리고 어떻게 하였는가? 진리는 깨달음이지만, 그리스도교의 구원은 깨달음에서 그치지 않았다. 두 제자는 곧 그 자리에서 일어나 다시 예루살렘으로 돌아갔다.

역사의 소용돌이가 일어났고, 아직도 예수의 잔당들을 색출하려는 음모가 도사리고 있는 그곳, 부활을 믿지 못한 제자들이 제각기 자신들의 엠마오를 찾아 뿔뿔이 흩어지고 있는 바로 그 예루살렘으로 발걸음을 옮긴 것이다. 이제 그들은 부활의 증인이 되었다. 오순절 다락방의 성령체험의 제자가 되고, 박해받는 초대교회의 일꾼이 되었을 것이다.

그것이 확실한 회개이다. 참된 인생의 방향전환, 이것이 영적 각성의 의미인 것이다.

"다시 예루살렘으로!"

이것이 부활의 증인 된 사명이요, 그리스도인의 좌표가 되어야 한다.

참된 회개는 바로 첫사랑을 새롭게 하는 것이다. 믿음보다는 유혹이, 확신보다는 함정이, 믿음보다는 의심이, 응답보다는 침묵이, 나눔보다는 움켜쥠이 가득한 오늘 돌이켜야 할 신앙의 방향이다. 이것이 진정한 영적 각성의 결과여야 한다.

부활하신 예수님은 매번 우리에게 결단을 촉구하신다. 우리가 상수리나무 아래에서 쉬고 있을 때나, 길가에서 유혹의 함정에 빠져 있을 때나, 그리고 엉뚱한 방향인 엠마오나 여리고로 발걸음을 옮길 때마다, 그분은 다양한 모습으로 우리를 만나 주신다. 그리고 격려하시고, 등을 두드려 주시며, 밥을 나누신다. 그리고 주님이 우리의 길에 동반자이심을 깨닫게 하신다.

에필로그

예수님은 내게도 물으십니다.
네 십자가는 어떤 것이냐?
네 십자가는 어디 있느냐?

여기 있는 십자가들은 그 물음에 대한 진실한 대답입니다. 시대마다, 나라마다, 사람마다 저마다 대답이 특별합니다. 십자가 대동소이(大同小異)하지 않은 까닭입니다. 십자가가 천차만별(千差萬別)한 특별한 이유입니다. 나 역시 주님의 물음에 대답을 준비해야 합니다.

아픔, 화해, 용서, 평화, 고난, 섬김, 기도, 이웃.

십자가를 사랑하기에……

십자가를 자랑하기에……

십자가 갤러리

본서에 실린 송병구 목사의 십자가들은 십자가 갤러리에 전시되어 있습니다. 십자가 갤러리는 김포시 고촌읍 고촌 힐스테이트 단지 내의 고촌 감리교회에 있습니다.

십자가 갤러리 연락처: 031-986-1004